Wie man eine Wohnung einrichten soll

Adolf Loos

Wie man eine Wohnung einrichten soll

Kategorisches über scheinbar Unverrückbares

metroverlag

Mit freundlicher Unterstützung
der Kulturabteilung der Stadt Wien, Literaturreferat

Die Orthografie wurde gemäß den Regeln der alten Rechtschreibung vereinheitlicht.

Erstpublikation der Texte:
Interieurs: Neue Freie Presse, 5.6.1898; **Die Interieurs in der Rotunde**: Neue Freie Presse, 12.6.1898; **Das Sitzmöbel**: Neue Freie Presse, 19.6.1898; **Das Heim**: Das Andere, 1.10.1903; **Wohnung**: Das Andere, 25.10.1903; **Möbel**: Neue Freie Presse, 2.10.1898; **Weihnachtsausstellung im Österreichischen Museum**: Die Zeit, 18.12.1897; **Die Plumber**: Neue Freie Presse, 17.7.1898; **Vom armen reichen Manne**: Neues Wiener Tagblatt, 26.4.1900; **Aus meinem Leben**: Trotzdem. (Gesammelte Aufsätze von Loos). 1931; **Wohnungswanderungen**: Privatdruck, 1907; **Die Überflüssigen**: März, 1908; **Wohnen lernen**: Neues Wiener Tagblatt, 15.5.1921; **Die Einrichtung der modernen Wohnung**: Die Neue Wirtschaft, 14.2.1924; **Möbel und Menschen**: Frankfurter Zeitung, 25.8.1929; **Josef Veillich**: Frankfurter Zeitung, 21.3.1929.

Herausgegeben von Peter Stuiber.
Robert Mago gewidmet.

info@metroverlag.at

gesamtherstellung: cpi moravia books gmbh
printed in the EU
isbn 978-3-902517-71-5

Inhalt

Interieurs – ein Präludium

Rechts und links vom Silberhof haben die Tischler ihre Erzeugnisse ausgestellt. Es sind Kojen geschaffen worden und in diesen wurden Musterzimmer aufgestellt. So geschieht es schon seit Jahren bei jeder Ausstellung. Dem Publikum wird auf diese Weise gesagt: So sollst du wohnen!

Das arme Publikum! Selber darf es seine Wohnung nicht einrichten. Da käme ein schöner Gallimathias heraus. Das versteht es gar nicht. Die »stilvolle« Wohnung, diese Errungenschaft unseres Jahrhunderts, verlangt ein außerordentliches Wissen und Können.

Das war nicht immer so. Noch bis zu Anfang unseres Jahrhunderts kannte man diese Sorge nicht. Vom Tischler kaufte man die Möbel, vom Tapezierer die Tapete, vom Bronzegießer die Beleuchtungskörper und so fort. Das stimmte aber doch nicht zusammen? Vielleicht nicht. Aber von diesen Erwägungen ließ man sich auch gar nicht leiten. Damals richtete man sich so ein, wie man sich heute anzieht. Vom Schuster nehmen wir die Schuhe, vom Schneider Rock, Hose und Weste, vom Hemdenfabrikanten Kragen und Manschetten, vom Hutmacher den Hut, vom Drechsler den Stock, keiner kennt den anderen, und doch stimmen alle Sachen zusammen. Warum? Weil alle im Stile des Jahres 1898 arbeiten. Und so arbeiteten auch die Handwerker der Wohnungs-Industrie in früheren Zeiten alle in einem gemeinsamen Stile, in dem jeweilig herrschenden, im modernen.

Da geschah es auf einmal, daß der moderne Stil in Mißkredit kam. Es würde zu weit führen, das Warum hier zu erörtern. Hier genügt wohl zu sagen, daß man mit seiner Zeit unzufrieden wurde. Modern zu sein, modern zu fühlen und zu denken, galt als oberflächlich. Der tiefe Mensch aber versenkte sich in eine andere Zeitperiode und wurde entweder als Grieche oder mittelalterlicher Symbolist oder als Renaissancemann glücklich.

Dem ehrlichen Handwerker aber war dieser Schwindel zu viel. Da konnte er nicht mit. Er verstand wohl, wie er seine Kleider im Schrank verwahren sollte, er verstand wohl, wie sich seine Nebenmenschen ausruhen wollten. Nun sollte er aber für seine Kundschaft je nach ihrem geistigen Glaubensbekenntnisse griechische, romanische, gotische, maurische, italienische, deutsche, barocke und klassizistische Schränke und Sessel bauen. Aber noch mehr. Ein Zimmer sollte in diesem Stile, das nächste im anderen eingerichtet werden. Wie gesagt, er konnte absolut nicht mit.

Da wurde er denn unter Kuratel gesetzt. Unter dieser befindet er sich heute noch. Zuerst warf sich der studierte Archäologe als Vormund auf. Nicht lange aber. Der Tapezierer, dem man nicht viel anhaben konnte, da er in früheren Jahrhunderten am allerwenigsten zu tun hatte und daher nicht gut verhalten werden konnte, alte Muster nachzuahmen, hatte seinen Vorteil bald heraus und warf eine Unzahl neuer Formen auf den Markt. Es waren das Möbel, die so vollständig gepolstert waren, daß man das Holzwerk des Tischlers nicht mehr erkennen konnte. Man jubelte den Sachen zu. Das Publikum hatte die Archäologie nachgerade satt und war froh, Möbel in sein Heim zu bekommen, die seiner Zeit angehörten, die modern waren. Der Tapezierer hatte seinen Vorteil bald erkannt. Der brave Mann, der in früheren Zeiten fleißig die Heftnadel geführt und Matratzen gestopft hatte, ließ sich nun die Haare lang wachsen, zog ein Samt-Jackett an, band sich eine flatternde Krawatte um und wurde zum Künstler. Auf seinem Firmenschilde löschte er das Wort »Polsterer« aus und schrieb dafür »Decorateur«. Das klang.

Und nun begann die Herrschaft des Tapezierers, eine Schreckensherrschaft, die uns jetzt noch in allen Gliedern liegt. Samt und Seide, Seide und Samt und Makart-Bouquets, und Staub und Mangel an Luft und Licht, und Portieren und Teppiche und Arrangements – Gott sei Dank, daß es nun damit vorbei ist.

Die Tischler bekamen also einen neuen Vormund. Das war der Architekt. Der wußte gut mit der einschlägigen Fachliteratur umzugehen und konnte daher mit Leichtigkeit alle in sein Fach einschlagenden Aufträge in allen Stilarten ausführen. Wollt ihr ein barockes Schlafzimmer? Er macht euch ein barokkes Schlafzimmer. Wollt ihr einen chinesischen Spucknapf? Er macht euch einen chinesischen Spucknapf. Er kann alles, alles in allen Stilarten. Er kann jeden Gebrauchsgegenstand aller Zeiten und Völker entwerfen. Die Lösung des Geheimnisses seiner geradezu unheimlichen Produktivität besteht in einem Stück Pauspapier, mit dem er sich nach erhaltenem Auftrag, sobald er nicht selbst dem Buchhändler eine größere Hausbibliothek schuldig ist, in die Bücherei der Kunstgewerbeschule begibt. Nachmittags sitzt er schon fest am Reißbrett und liniert das barocke Schlafzimmer oder den chinesischen Spucknapf herunter.

Aber einen Mangel hatten die Zimmer der Architekten. Sie waren nicht gemütlich genug. Sie waren kahl und kalt. Gab es früher nur Stoffe, so gab es jetzt nur Profile, Säulen und Gesimse. Da wurde denn wieder der Tapezierer herbeigeholt, der die

Gemütlichkeit per Meter an Türen und Fenster aufhing. Aber wehe dem armen Raum, wenn die Stores und Portieren zum Reinigen herabgenommen werden mußten. Dann konnte es kein Mensch in dem öden Zimmer aushalten, und die Hausfrau schämte sich bis in den tiefsten Grund ihrer Seele hinein, wenn sich zu der Zeit, in der die Gemütlichkeit und Traulichkeit des Raumes ausgeklopft wurde, ein Besuch einfand. Das war um so seltsamer, als doch die Renaissance, der diese Zimmer größtenteils nachgebildet waren, diesen Behelf überhaupt nicht kannte. Und doch war die Gemütlichkeit dieser Räume sprichwörtlich geworden.

Bei uns herrscht noch gegenwärtig der Architekt, und wir sehen, wie sich der Maler und der Bildhauer anschicken, sein Erbe anzutreten. Werden die es besser machen? Ich glaube nicht. Der Tischler verträgt keinen Vormund, und es wäre die höchste Zeit, wenn man die vollständig ungerechtfertigt verhängte Kuratel aufheben würde. Allerdings dürfte man dann nichts Unmögliches von ihm verlangen. Unser Tischler kann Deutsch, Deutsch, wie es in Wien im Jahre 1898 gesprochen wird. Scheltet ihn nicht dumm oder unbeholfen, wenn er nicht zu gleicher Zeit Mittelhochdeutsch, Französisch, Russisch, Chinesisch und Griechisch spricht. Das kann er freilich nicht. Aber auch in seiner eigenen Sprache ist er etwas aus der Übung gekommen, nachdem er nun ein halbes Jahrhundert verhalten wurde, alle Idiome nachzuplappern, die ihm vordiktiert wurden. Verlangt daher nicht gleich eine virtuose Behandlung seiner Sprache. Lasset ihm Zeit, sich dieselbe wieder langsam anzueignen.

Ich weiß wohl, daß man mit solchen Worten weder dem Tischler noch dem Publikum helfen kann. Der Tischler ist durch die jahrzehntelange Bevormundung so verschüchtert, daß er sich nicht traut, mit seinen Ideen hervorzukommen. Und so ist es auch das Publikum. Hofrat v. Scala, der Direktor des Österreichischen Museums, hat aber praktisch helfend eingegriffen. Er zeigte an englischen Möbeln, die er kopieren ließ, daß das Publikum auch vom Tischler empfundene, vom Tischler erdachte und vom Tischler gemachte Möbel kaufte. Diese Möbel hatten kein Profil und keine Säulen und wirkten nur durch ihre Bequemlichkeit, durch ihr solides Material und durch ihre genaue Arbeit. Das waren die Wiener Zigarettentaschen ins Tischlerische übersetzt. Gar mancher Meister wird sich damals gedacht haben: So einen Stuhl, den könnte ich eigentlich auch machen, zu dem brauche ich keinen Architekten. Noch einige solche Weihnachtsausstellungen, und wir haben eine andere Tischler-Generation. Das

Publikum aber ist schon da und wartet der Dinge, die da kommen sollen.

Ja, das Publikum wartet. Das beweisen mir die vielen Briefe, die ich bekomme, mit Bitten, Handwerker zu nennen, die modern arbeiten können. »Bitte um gütige Mitteilung von Adressen einiger Möbelfabriken, welche den von Hofrat v. Scala vorgezeichneten Weg des Fortschrittes eingeschlagen haben. Ich beabsichtige, einen Salon zu möblieren, doch wo ich anklopfe, empfiehlt man mir, Louis XV., Louis XVI., Empire u. s. w. immer wieder«, wird mir aus der Provinz geklagt. Das gibt zu denken.

Im Saale des Gewerbevereins klagten sich die Wiener Kunstgewerbetreibenden jüngst ihre Not. Hofrat v. Scala sei an allem Schuld. »Sehen Sie, Herr Architekt«, klagte mir ein Kunstgewerbetreibender nach der Versammlung, »sehen Sie, uns geht es jetzt recht schlecht. Unsere guten Zeiten sind vorbei. Vor zwanzig Jahren, ja, da konnte man ein Lusterweibchen für hundert Gulden verkaufen. Und wissen Sie, wie viel ich heute für dasselbe Lusterweibchen bekomme?« Er nannte wirklich eine kleine Summe. Der Mann dauerte mich. Er schien von dem Wahne erfaßt zu sein, daß er für sein ganzes Leben Lusterweibchen machen müsse. Wenn man ihn nur davon abbringen könnte. Denn die Leute wollen keine

Lusterweibchen. Sie wollen Neues, Neues, Neues. Und das ist ein wahres Glück für unsere Gewerbetreibenden. Im Geschmacke des Publikums ist ein steter Wechsel. Die modernen Erzeugnisse werden die höchsten Preise, die unmodernen die niedrigsten Preise erzielen. Also, Wiener Kunstgewerbler, ihr habt die Wahl. Diejenigen unter euch aber, die durch ein volles Lager unmoderner Möbel der modernen Bewegung mit Angst entgegensehen, haben das Recht nicht, sich dieser Bewegung entgegenzustemmen. Am allerwenigsten dürfen sie aber an den Leiter eines staatlichen Institutes, das, wie das Österreichische Museum, die Interessen aller Gewerbetreibenden zu wahren hat, mit der Aufforderung herantreten, eine Richtung einzuschlagen, die den Verkauf ihres Möbelmagazins erleichtern würde. Auf solche Transaktionen kann sich ein Staatsbeamter nicht einlassen, auch auf die Gefahr hin, unhöflich zu erscheinen.

Für heute will ich nur über den Rahmen sprechen, den die Wiener Tischler in der Rotunde für ihre Erzeugnisse gewählt haben. Die Tischlergenossenschaft einen sehr mittelmäßigen, die Kunstgewerbe-Abteilung des Niederösterreichischen Gewerbe-Vereines einen vorzüglichen. Man werfe mir nicht ein, daß der letztere mehr Geld gekostet hätte. Der Architekt dieser Abteilung hätte es nie fertig gebracht, in Stein gravierte römische Majuskel auf Bretter zu bringen, welcher schöne Effekt noch dazu durch die Kunst des Anstreichers hervorgebracht wird. Also Imitation zur zweiten Potenz! Und die Wiener sind leider schon glücklich so weit, nicht einmal das einfache Talmi gelten zu lassen. Architekt Plečnik aber, dem der Wiener Gewerbeverein die Gelegenheit geboten hat, sein außerordentliches Können zu zeigen, wofür dem Verein der Dank aller modern Denkenden gebührt, hat sich seiner Aufgabe in geradezu ungewohnter Weise entledigt. Ein Hauch von Vornehmheit geht durch diese Exposition, der leider nicht auf die Rechnung aller ausgestellten Gegenstände zu setzen ist. Dazu sind sie zu ungleichwertig. Die einzelnen Kojen sind mit dunkelgrünem Samt umrahmt, auf dem ein aus Pappe ausgeschnittenes und mit lichtgrüner Seide überzogenes Ornament angebracht ist, das durch silberne Scheiben und durch die silbernen Buchstaben außerordentlich gehoben wird. Darüber spannt sich ein weißes Velum mit einem mattvioletten Ornament, das die Velum-Dekoration zum ersten Male in Wien befriedigend löst. Reiche Posamentrie-Arbeiten – die Posamentierer können sich beim Architekten Plečnik bestens bedanken, daß er die Beleuchtungsfrage in einem ihnen so genehmen Sinne gelöst hat – bergen die Glühlampen, ein reizender und eigenartiger Effekt. Dazu ein roter Teppich. Man beobachte nur das Publikum, mit welcher Andacht es durch diese Räume geht. Sogar der Fußabstreicher wird eifrig benützt.

Es wird sich noch Gelegenheit finden, bei Besprechung der einzelnen Interieurs zu zeigen, ob und wie die oben dargelegten Anschauungen in der Rotunde ihre Verwirklichung gefunden haben.

Die Interieurs in der Rotunde

In meinem letzten Berichte habe ich recht ketzerische Forderungen aufgestellt. Weder der Archäologe, noch der Dekorateur, noch der Architekt, noch der Maler oder der Bildhauer soll uns die Wohnung einrichten. Ja, wer soll es denn dann tun? Nun ganz einfach: Jeder sei sein eigener Dekorateur.

Allerdings werden wir dann in keinen »stilvollen« Wohnungen wohnen können. Aber dieser »Stil«, der Stil mit den Gänsefüßchen, ist auch gar nicht nötig. Was ist denn dieser Stil überhaupt? Er läßt sich schwer definieren. Meiner Meinung nach fand jene wackere Hausfrau auf die Frage, was stilvoll sei, die beste Antwort: Wenn auf dem »Nachtkastel« ein Löwenkopf ist, und dieser Löwenkopf ist dann auf dem Sofa, auf dem Schrank, auf den Betten, auf den Sesseln, auf dem Waschtisch, kurz auf allen Gegenständen des Zimmers gleichfalls angebracht, so heißt dieses Zimmer stilvoll. Hand aufs Herz, meine Herren Gewerbetreibenden, haben Sie nicht redlich dazu beigetragen, eine solche widersinnige Meinung ins Volk zu bringen? Nicht immer war es ein Löwenkopf. Aber eine Säule, ein Knopf, eine Balustrade wurde immer in alle Möbel hineingepreßt, bald verlängert, bald verkürzt, bald verdickt, bald verdünnt.

Solche Zimmer tyrannisieren ihren armen Besitzer. Wehe dem Unglücklichen, wenn er es gewagt hätte, sich selbst etwas hinzuzukaufen! Denn diese Möbel vertrugen absolut kein anderes in ihrer Nähe. Bekam man etwas geschenkt, konnte man es nirgends hinstellen. Und wenn man die Wohnung wechselte und im neuen Heim nicht genau dieselben Zimmergrößen vorfand, dann war es auf immer mit der »stilvollen« Wohnung vorbei. Dann mußte vielleicht gar der altdeutsche Dekorations-Diwan in den blauen Rokokosalon gestellt werden und der barocke Schrank in das Empire-Sitzzimmer. Schrecklich!

Wie gut hatte es doch dagegen der dumme Bauer oder der arme Arbeiter oder die alte Jungfer. Die hatten solche Sorgen nicht. Die waren nicht stilvoll eingerichtet. Eines kam von da her, das andere von dort. Alles durcheinander. Doch was ist das? Die Maler, denen man doch so viel Geschmack zugetraut hatte, ließen unsere prächtigen Wohnungen links liegen und malten immer Interieurs der dummen Bauern, der armen Arbeiter und der alten Jungfern. Wie man nur so etwas für schön finden kann? Denn schön ist, so wurde gelehrt, nur die stilvolle Wohnung.

Aber die Maler hatten Recht. Sie, die für alle Äußerlichkeiten des Lebens, Dank ihrer geübten und trainierten Augen, einen viel schärferen Blick haben als andere Menschen, haben das Hohle, das Aufgeblasene, das Fremde, das Unharmonische unserer stilvollen Wohnungen stets erkannt. Die Menschen passen nicht zu diesen Räumen und die Räume nicht zu diesen Menschen. Wie sollten sie denn auch? Der Architekt, der Dekorateur kennt seinen Auftraggeber kaum dem Namen nach. Und wenn der Bewohner diese Räume hundertmal käuflich erworben hat, es sind doch nicht *seine* Zimmer. Sie bleiben immer das geistige Eigentum desjenigen, der sie erdacht hat. Auf den Maler konnten sie daher nicht wirken, es fehlte ihnen jeder geistige Zusammenhang mit dem Bewohner, es fehlte ihnen jenes Etwas, das sie eben im Zimmer des dummen Bauers, des armen Arbeiters, der alten Jungfer fanden: die Intimität.

Ich bin Gott sei Dank noch in keiner stilvollen Wohnung aufgewachsen. Damals kannte man das noch nicht. Jetzt ist es leider auch in meiner Familie anders geworden. Aber damals! Hier der Tisch, ein ganz verrücktes krauses Möbel, ein Ausziehtisch mit einer fürchterlichen Schlosserarbeit. Aber *unser* Tisch, *unser* Tisch! Wißt ihr, was das heißt? Wißt ihr, welche herrlichen Stunden wir da verlebt haben? Wenn die Lampe brannte! Wie ich als kleiner Bub mich abends nie von ihm trennen konnte, und Vater immer das Nachtwächterhorn imitierte, so daß ich ganz erschreckt ins Kinderzimmer lief! Und hier der Schreibtisch! Und hier der Tintenfleck darauf. Schwester Hermine hat hier als ganz kleines Baby die Tinte vergossen. Und hier die Bilder der Eltern! Welch schreckliche Rahmen! Aber es war das Hochzeitsgeschenk der Arbeiter des Vaters. Und hier der altmodische Sessel! Ein Überbleibsel aus dem Hausstand der Großmutter. Und hier ein gestickter Pantoffel, in dem man die Uhr aufhängen kann: Schwester Irmas Kindergartenarbeit. Jedes Möbel, jedes Ding, jeder Gegenstand erzählt eine Geschichte, die Geschichte der Familie. Die Wohnung war nie fertig; sie entwickelte sich mit uns und wir in ihr. Wohl war kein Stil darin. Das heißt kein fremder, kein alter. Aber einen Stil hatte die Wohnung, den Stil ihrer Bewohner, den Stil der Familie.

Als die Zeit immer gebieterischer die Forderung nach der stilvollen Wohnung erhob – alle Bekannten waren schon altdeutsch eingerichtet, und da kann man doch nicht zurückbleiben – da wurde der ganze alte Plunder herausgeworfen. Plunder für jeden anderen, für die Familie ein Heiligtum. Der Rest ist – Tapezierer.

Nun haben wir es aber satt bekommen. Wir wollen wieder in unseren eigenen vier Wänden Herren sein. Sind wir geschmacklos, gut, so werden wir uns geschmacklos einrichten. Haben wir Geschmack, um so besser. Von unserem Zimmer wollen wir uns aber nicht mehr tyrannisieren lassen. Wir kaufen alles zusammen, alles, wie wir es eben nach und nach brauchen können, wie es uns gefällt.

Wie es uns gefällt! Ja, da hätten wir ja doch den Stil, nach dem wir so lange gefahndet, den wir immer in die Wohnung herein haben wollten. Ein Stil, der nicht von den gleichen Löwenköpfen, sondern von dem Geschmacke oder, wegenmeiner, Ungeschmacke eines Menschen, einer Familie abhängig war und sich danach gestaltete. Das gleiche, gemeinsame Band, das alle Möbel im Raume miteinander verbindet, bestände eben darin, daß sein Besitzer die Auswahl getroffen hat. Und selbst wenn derselbe, insbesondere was die Farbenauswahl anbelangt, etwas sprunghaft vorgehen sollte, es gebe noch immer kein Unglück. So eine mit der Familie gewordene Wohnung verträgt schon etwas. Wenn man nämlich in ein »stilvolles« Zimmer auch nur ein Nippesstückchen hineinstellt, das nicht dazu gehört, so kann das ganze Zimmer verdorben werden. Im Familienzimmer geht es sofort in dem Raume vollständig auf. Ist doch so ein Zimmer wie eine Violine. Die kann man einspielen, jenes einwohnen.

Unberührt von diesen Ausführungen bleiben selbstverständlich jene Räume, die nicht zum Wohnen benützt werden. Bad und die Toilette werde ich vom Installateur, die Küche vom betreffenden Fachmanne einrichten lassen. Und vollends solche Räume, die zum Empfange der Gäste, zu den Festlichkeiten, zu außergewöhnlichen Gelegenheiten benützt werden. Da rufe man den Architekten, den Maler oder Bildhauer, den Dekorateur herbei. Es wird schon jeder denjenigen finden, den er verdient. Denn zwischen dem Produzenten und dem Konsumenten besteht ein geistiger Kontakt, der freilich für die Wohnräume nicht ausreichen kann.

So war es ja immer. Auch der König wohnte in einem Zimmer, das mit ihm und durch ihn geworden war. Aber seine Gäste empfing er in den vom Hofarchitekten geschaffenen Räumen. Und wenn dann die braven Untertanen durch die goldenen Räume geführt wurden, dann entrang sich wohl der braven Untertanenbrust der Seufzer: »Ach hat's der gut! Wenn du doch auch so schön wohnen könntest!« Denkt sich doch der brave Untertan den König nicht anders als im purpurnen Hermelinmantel mit dem Szepter in der Hand und der Krone auf dem Haupte spazierengehend. Was Wunder, wenn die braven Untertanen sofort, sobald sie zu Gelde kamen, sich auch diese vermeintlichen königlichen Wohnräume anschafften. Hat's mich doch genug gewundert, daß ich noch nie jemanden im Purpur herumlaufen sah.

Nach und nach haben wir auch zu unserm Schreck gesehen, daß der König sehr einfach wohnt, und da gab es denn auch einen plötzlichen Rückzug. Einfachheit, auch in den Festräumen, war Trumpf. In anderen Ländern ist man wieder im Vormarsche begriffen, während wir uns erst zum Rückzuge anschicken. Erspart kann uns dieser nicht werden, wie unsere Gewerbetreibenden – ach so gerne – glauben möchten. Geschmack und Lust an der Abwechslung sind immer verschwistert. Heute tragen wir enge Hosen, morgen weite und übermorgen wieder enge. Das weiß jeder Schneider. Ja, da könnten wir uns ja die Periode der weiten Hosen ersparen. O nein! Die brauchen wir, damit uns die engen Hosen wieder gefallen. Auch wir brauchen eine Periode der einfachen Festräume, um auf die reichen wieder vorbereitet zu werden. Wollen unsere Gewerbetreibenden die Einfachheit schneller überwinden, so gibt es nur ein Mittel: Sie müssen sie oktroyieren.

Gegenwärtig aber fängt sie bei uns erst an. Das kann man wohl am besten aus dem Umstande entnehmen, daß das meistbewunderte Zimmer in der Rotunde auch das einfachste ist. Ein Schlafzimmer mit Bad ist es. Hof-Tapezierer Schenzel hat es verfertigt, und es ist für denjenigen bestimmt, der es selbst entworfen hat. Ich glaube, daß dies vielleicht den stärksten Reiz auf die sich stauenden Beschauer ausübt. Es übt den ganzen Zauber des Individuellen und Persönlichen aus. Niemand anderer könnte darin wohnen, niemand anderer könnte es so voll und ganz auswohnen, erwohnen, wie der Besitzer selbst, Otto Wagner.

Hofrat Exner hat das Zimmer sofort für die Pariser Weltausstellung erworben, wo es die Bestimmung haben wird, den Parisern eine fromme Täuschung vorzuführen, wie die Wiener schlafen und baden. Unter uns können wir uns ja eingestehen, daß wir noch weit davon entfernt sind. Aber eine große Umwandlung wird dieses Zimmer in unserem Wohnungswesen hervorrufen. Denn, wie ich schon früher hervorgehoben habe, den Leuten gefällt es. Das Österreichische Museum hat da durch seine Weihnachtsausstellung glücklich vorgearbeitet. Man denke nur, die Wiener finden jetzt sogar ein Messingbett schön. Kein reiches, sondern das einfachste, das man sich denken kann. Und dabei hat der Tapezierer nicht einmal den Versuch gemacht, die Messingstäbe durch Stoffe zu verleugnen, wie es bisher immer gang und gäbe war. Messingbetten mußten nämlich immer »gefüttert« werden. Ein glatte, grüngefärbte und polierte Wandvertäfelung umgibt das Zimmer, in die teilweise wertvolle Stiche eingelassen sind. Eine Ottomane mit einem Eisbärenfell, zwei Messingnachtkästchen, zwei Schränke und zwei Kabinette, ein Tisch mit zwei Fauteuils und einige Sessel füllen das Zimmer aus. Über der Wandvertäfelung sind naturalistische Kirschbaumzweige als Wandverkleidung gestickt. Ebenso ist auch das Velum über dem Bette dekoriert. Der weißgetünchte Plafond hat im Kreise angeordnete, an Seidenschnüren hängende Glühlampen und demgemäß in Gips modellierte Strahlen. Die farbige Wirkung, hervorgerufen durch das grüne Holz, das gelbe Messing, das weiße Fell und die roten Kirschen ist eine außerordentliche. Über die Sessel dieses Zimmers zu sprechen, behalte ich mir noch vor. Aber für heute sei schon gesagt, daß der Teppich unrichtig ist. Die Rosenbeete, in denen wir früher herumsteigen mußten, haben wir gründlich abgetan. Ich glaube nicht, daß es angenehmer wirkt, durch den Teppich die Illusion erweckt zu bekommen, daß man über bloßgelegte Baumwurzeln stolpern könnte. Der Kirschbaum sendet nämlich seine Wurzel über den ganzen Fußboden.

Ein Juwel ist auch das Bad. Die gesamte Wandverkleidung, der Fußbodenbelag, der Ottomanen-Überzug und die Polster bestehen nämlich aus jenem wolligen Stoff, aus dem unsere Bademäntel verfertigt werden.

Derselbe hat ein diskretes violettes Muster erhalten, und dieses Weiß, Violett und Silber der vernickelten Möbel, der Toilette-Gegenstände und der Badewanne geben die Farbenstimmung an. Die Badewanne besteht nämlich aus Spiegelglas, das durch Nickel montiert wird. Sogar die Gläser auf dem Waschtisch – Facettenschliff – sind nach Wagner'schen Zeichnungen ausgeführt. Natürlich auch die reizende Toilette-Garnitur.

Ich bin ein Gegner jener Richtung, die etwas besonders Vorzügliches darin erblickt, daß ein Gebäude bis zur Kohlenschaufel aus der Hand eines Architekten hervorgehe. Ich bin der Meinung, daß dadurch das Gebäude ein sehr langweiliges Aussehen erhält. Jede Charakteristik geht dabei verloren. Aber vor dem Otto Wagner'schen Genius streiche ich die Segel. Otto Wagner hat nämlich eine Eigenschaft, die ich bisher nur bei wenigen englischen und amerikanischen Architekten gefunden habe: Er kann nämlich aus seiner Architektenhaut hinaus- und in eine beliebige Handwerkerhaut hineinschlüpfen. Er macht ein Wasserglas – da denkt er wie ein Glasbläser und ein Glasschleifer. Er macht ein Messingbett – er denkt, er fühlt wie ein Messingarbeiter. Alles übrige, sein ganzes großes architektonisches Wissen und Können hat er in der alten Haut gelassen. Nur eines nimmt er überall mit hinüber: seine Künstlerschaft.

Das Sitzmöbel

Das Otto-Wagner-Zimmer – das moderne Schlafzimmer und Bad in der Kunstgewerbe-Abteilung des Gewerbevereines – ist schön, nicht weil, sondern obgleich es von einem Architekten herrührt. Dieser Architekt ist eben sein eigener Dekorateur gewesen. Für jeden anderen ist dieses Zimmer unrichtig, weil es seiner Eigenart nicht entspricht, daher unvollkommen, und daher kann von Schönheit nicht mehr die Rede sein. Das ist wohl ein Widerspruch.

Unter Schönheit verstehen wir die höchste Vollkommenheit. Vollständig ausgeschlossen ist daher, daß etwas Unpraktisches schön sein kann. Die erste Grundbedingung für einen Gegenstand, der auf das Prädikat »schön« Anspruch erheben will, ist, daß er gegen die Zweckmäßigkeit nicht verstößt. Der praktische Gegenstand allein ist allerdings noch nicht schön. Dazu gehört mehr. Die alten Cinquecento-Leute haben sich wohl am präzisesten ausgedrückt. Sie sagten: Ein Gegenstand, der so vollkommen ist, daß man ihm, ohne ihn zu benachteiligen, weder etwas wegnehmen noch zugeben dürfe, ist schön. Das wäre die vollkommenste, die abgeschlossenste Harmonie.

Der schöne Mann? Es ist der vollkommenste Mann, jener Mann, der durch seinen Körperbau und durch seine geistigen Eigenschaften die beste Gewähr für gesunde Nachkommen und für die Erhaltung und Ernährung einer Familie bieten kann. Das schöne Weib? Es ist das vollkommene Weib. Ihr liegt es ob, die Liebe des Mannes zu entflammen, die Kinder selbst zu stillen, ihnen eine gute Erziehung zu geben. Sie hat dann die schönsten Augen, praktische, scharfe Augen und nicht kurzsichtige, blöde, sie hat die schönste Stirne, das schönste Haar, die schönste Nase. Eine Nase, durch die man gut atmen kann. Sie hat den schönsten Mund, die schönsten Zähne, Zähne, mit denen man die Speisen am besten zerkleinern kann. Nichts in der Natur ist überflüssig, den Grad des Gebrauchswertes, verbunden mit der Harmonie zu den übrigen Teilen, nennen wir reine Schönheit.

Wir sehen also, daß sich die Schönheit eines Gebrauchsgegenstandes nur in Bezug auf seinen Zweck erklären läßt. Für ihn gibt es keine absolute Schönheit. »Seht doch, welch schöner Schreibtisch!« – »Schreibtisch? – Der ist ja häßlich!« – »Es ist aber gar kein Schreibtisch, es ist ein Billard.« – »So, ein Billard, gewiß, es ist ein schönes Billard.« – »O, sehen Sie doch, welch herrliche Zuckerzange!« – »Waaas, herrlich, ich finde diese Zuckerzange geradezu fürchterlich!« – »Aber es ist ja eine Kohlenschaufel!« – »Ja dann, gewiß, es ist eine herrliche Kohlenschaufel!« –

»Welch wunderschönes Schlafzimmer Herr – setzen Sie den Namen des dümmsten Menschen her, den Sie kennen – besitzt.« – »Was, Herr X. Y. Z.? Und das finden Sie für den wunderschön?« – »Ich habe mich geirrt, es gehört für den Ober-Baurat Professor Otto Wagner, C. M. (Clubmitglied), den größten Architekten seiner Zeit.« – »Dann ist es in der Tat wunderschön.« Die schönste, malerischste Osteria mit dem echtesten Schmutz wäre für andere Leute als italienische Bauern häßlich. Und da hätten die Leute Recht.

Und so ist es auch mit jedem einzelnen Gebrauchsgegenstande. Sind z. B. die Sessel im Wagner-Zimmer schön? Für mich nicht, weil ich schlecht darauf sitze. So wird es wohl allen anderen Leuten auch gehen. Es ist aber leicht möglich, daß Otto Wagner sich auf diesen Sesseln sehr gut ausruhen kann. Für sein Schlafzimmer, also einen Raum, in dem man keine Gäste empfängt, sind sie daher, vorausgesetzt daß meine Annahme zutrifft, schön. Geformt sind sie wie die griechischen Stühle. Aber im Laufe der Jahrtausende hat die Technik des Sitzens, die Technik des Ausruhens eine bedeutende Umänderung erfahren. Sie stand nie still. Bei allen Völkern und zu allen Zeiten ist sie verschieden. Stellungen, die für uns, man denke nur an die Morgenländer, äußerst anstrengend wären, können für andere Menschen als Ausruhen gelten.

Gegenwärtig wird von einem Sessel nicht nur verlangt, daß man sich auf demselben ausruhen kann, sondern auch, daß man sich s c h n e l l ausruhen kann. *Time is money*. Das Ausruhen mußte daher spezialisiert werden. Nach geistiger Arbeit wird man sich in einer anderen Stellung ausruhen müssen, als nach der Bewegung im Freien. Nach dem Turnen anders als nach dem Reiten, nach dem Radfahren anders als nach dem Rudern. Ja, noch mehr. Auch der Grad der Ermüdung verlangt eine andere Technik des Ausruhens. Dieselbe wird, um das Ausruhen zu beschleunigen, durch mehrere Sitzgelegenheiten, die nacheinander benützt werden, durch mehrere Körperlagen und Stellungen geschehen müssen. Haben Sie noch nie das Bedürfnis gehabt, besonders bei großer Ermüdung, den einen Fuß über die Armlehne zu hängen? An sich eine sehr unbequeme Stellung, aber manchmal eine wahre Wohltat. In Amerika kann man sich diese Wohltat immer verschaffen, weil dort kein Mensch das bequeme Sitzen, also das schnelle Ausruhen, für unfein hält. Dort kann man auch auf einen Tisch, der nicht zum Essen dient, seine Füße ausstrecken. Hier aber findet man in der Bequemlichkeit seines Nebenmenschen etwas Beleidigendes. Gibt es doch noch Menschen, denen man auf die Nerven treten kann, wenn man die Füße im

Eisenbahncoupé auf die gegenüberliegenden Sitze streckt oder sich gar hinlegt.

Die Engländer und Amerikaner, die von einer so kleinlichen Denkungsweise frei sind, sind denn auch wahre Virtuosen des Ausruhens. Im Laufe dieses Jahrhunderts haben dieselben mehr Sesseltypen erfunden, als die ganze Welt, alle Völker mit eingeschlossen, seit ihrem Bestande. Dem Grundsatze gemäß, daß jede Art der Ermüdung einen anderen Sessel verlangt, zeigt das englische Zimmer nie einen durchgehend gleichen Sesseltypus. Alle Arten von Sitzgelegenheiten sind in demselben Zimmer vertreten. Jeder kann sich seinen ihm am besten passenden Sitz aussuchen. Eine Ausnahme bilden bloß jene Räume, die nur zeitweise von allen Insassen zu demselben Zwecke benützt werden. So der Tanzsaal und das Speisezimmer. Der *Drawing room* aber, unser Salon, wird seiner Bestimmung gemäß leichte, also leicht transportable Sessel aufweisen. Auch sind diese nicht zum Ausruhen da, sondern um bei leichter anregender Konversation die Sitzgelegenheit zu bieten. Auf kleinen, kapriziösen Sesseln plaudert sich's leichter als im Großvaterstuhl. Daher werden auch solche Sessel – man konnte sie im Vorjahre bei der Scala'schen Weihnachtsausstellung im Österreichischen Museum sehen – von den

Engländern gebaut. Die Wiener, die entweder ihre Bestimmung nicht kannten oder vielleicht einen Patentsessel für alle Sitzeventualitäten im Auge haben, nannten sie daher unpraktisch.

Überhaupt möge man mit dem Wort unpraktisch recht vorsichtig umgehen. Ich habe schon früher darauf hingewiesen, daß unter Umständen eine unbequeme Stellung bequem sein kann. Die Griechen, die von einem Sessel verlangten, daß er der Krümmung des Rückgrates recht großen Spielraum gewähre – man denke nur an die zusammengekauerten Gestalten Alma Tademas – würden auch unsere Rückenlehnen unbequem finden, da wir unsere Schulterblätter gestützt haben wollen. Und was würden sie erst zu dem amerikanischen Schaukelstuhl sagen, mit dem wir nicht einmal etwas anzufangen wissen! Wir gehen nämlich von dem Grundsatze aus, daß man sich auf einem Schaukelstuhl auch schaukeln müsse. Ich glaube, daß diese falsche Anschauung durch die falsche Benennung entstanden ist. In Amerika heißt nämlich der Stuhl »Rocker«. Mit dem Worte *rocking* wird aber auch eine wiegende, wippende Bewegung bezeichnet. Der Rocker ist nämlich im Prinzip nichts anderes als ein Stuhl mit zwei Beinen, bei dem die Füße des Sitzenden die Vorderbeine bilden müssen. Entstanden ist er aus dem bequemen Sitz, den man sich verschafft, wenn man den Schwerpunkt nach rückwärts verlegt, so daß die Vorderbeine gehoben werden. Die Hinterkufen des Sitzmöbels verhindern das Umkippen des Stuhles. Vorderkufen, wie unser Schaukelstuhl, hat der amerikanische Rocker nicht, da es keinem Menschen drüben einfallen würde, sich zu schaukeln. Aus diesem Grunde sieht man in manchen amerikanischen Zimmern nur Rockers, während sie hier noch recht unpopulär sind.

Praktisch soll also jeder Stuhl sein. Wenn man den Leuten daher nur praktische Sessel bauen würde, würde man ihnen die Möglichkeit bieten, sich ohne Hilfe des Dekorateurs vollkommen einzurichten. Vollkommene Möbel geben vollkommene Zimmer. Unsere Tapezierer, Architekten, Maler, Bildhauer, Dekorateure etc. mögen sich daher nur, sobald es sich um Wohnräume und nicht um Prunkräume handelt, darauf beschränken, vollkommene, praktische Möbel in den Handel zu bringen. Gegenwärtig sind wir in dieser Beziehung auf den englischen Import angewiesen, und man kann leider unseren Tischlern keinen besseren Rat geben, als diese Typen zu kopieren. Gewiß hätten unsere Tischler, wenn man ihnen nicht den Kontakt mit dem Leben durchschnitten hätte, ganz ohne alle Beeinflussung ähnliche Sessel erzeugt. Denn zwischen dem Tischlermöbel einer

Kulturanschauung und ein und derselben Zeit gibt es nur so kleine Unterschiede, daß sie nur dem genauen Kenner auffallen können.

Recht komisch wirkt es, wenn sich zur Neige unseres Jahrhunderts Stimmen bemerkbar machen, die gebieterisch eine Emanzipation vom englischen Einflusse zu Gunsten eines österreichischen Nationalstiles verlangen. Auf den Fahrräderbau angewendet, würde dies beiläufig so lauten: Gebt das verwerfliche Kopien englischer Fabrikate auf und nehmt euch das echte österreichische Holzrad des obersteierischen Knechtes Peter Zapfel – oder hat der Brave anders geheißen? – zum Muster. Gewiß paßt dieses Rad besser zur Alpenlandschaft als die häßlichen englischen Räder. Und das erscheint für diese Richtung die Hauptsache.

Die Möbel haben von Jahrhundert zu Jahrhundert immer mehr ihrer äußeren Form nach verwandtschaftliche Züge angenommen. Schon am Anfange dieses Jahrhunderts konnte man die Unterschiede zwischen einem Wiener Sessel und einem Londoner *Chair* nur schwer unterscheiden. Das war zu einer Zeit, als man wochenlang in der Postkutsche sitzen mußte, um von Wien nach London zu kommen. Und nun finden sich sonderbare Heilige, die im Zeitalter der Expreßzüge und der Telegraphen künstlich eine chinesische Mauer um uns errichten wollen. Doch das ist unmöglich. Ein gleiches Essen wird ein gleiches Eßbesteck, ein gleiches Arbeiten und ein gleiches Ausruhen einen gleichen Sessel zur Folge haben. Eine Versündigung an unserer Kultur wäre es aber, wenn man die Forderung an uns stellen würde, unsere Speisegewohnheiten aufzugeben und wie der Bauer mit der ganzen Familie aus einem Napf zu essen, bloß weil die Art unseres Essens aus England stammt. Für das Sitzen gilt dasselbe. Unsere Gewohnheiten stehen den englischen viel näher als denen des oberösterreichischen Bauers.

Unsere Tischler wären also zu denselben Resultaten gekommen, wenn man sie hätte gewähren lassen und wenn sich nicht die Architekten hineingemischt hätten. Wäre in der Annäherung der Formen dasselbe Tempo eingehalten worden, wie es seit der Renaissance- bis in die Kongresszeit eingeschlagen war, dann gäbe es auch in der Tischlerei keine Länderunterschiede mehr, wie sie in den blühenden architektenfreien Gewerben schon lange nicht mehr bestehen: im Wagenbau, in der Juwelierkunst, in der Ledergalanterie. Denn zwischen einem Londoner und Wiener Tischlerverstand besteht kein Unterschied, zwischen dem Londoner Tischler und dem Wiener Architekten liegt eine ganze Welt.

Das Heim

Die Zeitungsschreiber haben es im Laufe der letzten Jahre versucht, uns Mut zu den Geschmacklosigkeiten der modernen Künstler zu machen. Ich will es versuchen, euch Mut zu eueren eigenen Geschmacklosigkeiten zu machen.

Wer fechten lernen will, muß selbst das Rapier in die Hand nehmen. Vom Fechtenzusehen hat noch niemand fechten gelernt. Und wer sich ein Heim schaffen will, muß selbst alles angeben. Sonst lernt er es nie. Wohl wird es voller Fehler sein. Aber es sind euere eigenen Fehler. Durch Selbstzucht und Uneitelkeit werdet ihr bald diese Fehler erkennen. Ihr werdet ändern und verbessern.

Euer Heim wird mit euch und ihr werdet mit euerem Heime.

Fürchtet euch nicht, daß euere Wohnung geschmacklos ausfallen könnte. Über Geschmacksachen läßt sich streiten. Wer kann entscheiden, wer recht hat?

Für euere Wohnung habt ihr immer recht. Niemand anderer.

Die Wortführer der modernen Künstler sagen euch, daß sie alle Wohnungen nach euerer Individualität einrichten. Das ist eine Lüge. Ein Künstler kann

Wohnungen nur nach *seiner* Art einrichten. Wohl gibt es Menschen, die den Versuch machen – geradeso wie es Leute gibt, die die Pinsel in die Farbtöpfe stecken und nach dem Geschmacke des eventuellen Käufers ihre Leinwand bemalen. Aber *Künstler* nennt man die nicht.

Euere Wohnung könnt ihr euch nur selbst einrichten. Denn dadurch wird sie erst zu euerer Wohnung. Macht das ein anderer, sei er Maler oder Tapezierer, so ist es keine Wohnung. Es ist dann höchstens eine Reihe von Hotelzimmern. Oder die Karikatur einer Wohnung.

Wenn ich eine solche Wohnung betrete, so bedauere ich stets die armen Menschen, die hier ihr Leben verbringen.

Das also ist der Hintergrund, den sich die Leute für die kleinen Freuden und die großen Tragödien des Lebens schaffen ließen?!! – Das also?

Ach, diese Wohnungen sitzen euch wie ein Pierrotkostüm aus der Maskenleihanstalt!!

Möge nie der Ernst des Lebens an euch herantreten, so dass ihr euerer geliehenen Fetzen gewahr werdet!

Unter dem ehernen Schritte des Schicksals erstirbt euere Prahlerei, die mit den Modenamen der angewandten Künstler sich brüstet.

Heraus mit eueren Federn, ihr Menschen- und Seelenschilderer! Schildert einmal, wie sich Geburt und Tod, wie sich die Schmerzensschreie eines verunglückten Sohnes, das Todesröcheln einer sterbenden Mutter, die letzten Gedanken einer Tochter, die in den Tod gehen will, in einem Olbrich'schen Schlafzimmer abspielen und ausnehmen.

Ein Bild nur greifet heraus: Das junge Mädchen, das sich den Tod gegeben. Lang hingestreckt liegt es auf der Diele des Fußbodens. Die eine Hand umklammert noch krampfhaft den rauchenden Revolver. Auf dem Tische ein Brief. Der Absagebrief. Ist das Zimmer, in dem sich das abspielt, geschmackvoll? Wer wird danach fragen? Wer d a r u m sich kümmern? Es ist ein Zimmer, basta!

Aber wenn der Raum von Van der Velde eingerichtet ist? Dann ist's eben k e i n Zimmer.

Dann ist es ---

Ja, was ist es denn eigentlich? ---

Eine Blasphemie auf den Tod!

Möge es bei euch immer bei den kleinen Freuden bleiben!

Wer fechten will, muß das Rapier selbst in die Hand nehmen!

Und wer fechten lernen will, braucht überdies einen Fechtlehrer. D e r m u ß e s k ö n n e n. Ich will euer Wohnungslehrer sein. Euere Wohnung ist voller Fehler. Ihr wollt manches darin ändern. Man frage mich und ich will Auskunft geben. In diesem Blatte sollen alle Anfragen, die euer Heim betreffen, beantwortet werden.

Ihr wollt ein Zimmer neu tapezieren lassen und seid über die Farbe im Zweifel?

Ihr wollt Fenster und Türen einer neu aufgenommenen Wohnung streichen?

Ihr wollt wissen, wie man die alten Möbel in euerer neuen Wohnung am besten unterbringen kann?

Ob man ein Korbfauteuil in ein Wohnzimmer stellen darf?

Ob man das kann, ob jenes?

Sendet Farbproben, Stoffmuster und Tapeten, sendet Grundrisse und Zeichnungen ein. Wollt ihr sie wieder haben, legt die nötigen Marken bei. Ich werde alle Fragen nach bestem Wissen beantworten.

Wohnung

Wenn wir die Tischlerei auf derselben Höhe hätten wie unsere Bekleidungsindustrie, dann würde sich der Vorgang bei Anschaffung eines Schrankes vielleicht folgendermaßen abspielen: Wir haben zu viel Kleider. Wir brauchen einen Schrank. Wir gehen daher zum Tischlermeister. »Guten Tag, Herr Meister!« »Guten Tag, meine Herrschaften! Was verschafft mir das Vergnügen?« »Wir brauchen einen Schrank. In unserem Schlafzimmer haben wir an einer Wand noch 1,60 m Raum. Wie viel Türen könnte der Schrank haben?« »Dann könnte er drei Türen haben. Wollen Sie ihn zum Hängen oder Legen? Haben Sie Kleider oder Wäsche unterzubringen?« »Beides. Wir denken, zwei Türen zum Hängen und eine Türe für die Wäsche.« »Dann rate ich Ihnen, die Bretter für die Wäsche ausziehbar zu machen, weil man sonst schlecht dazu kommt.« »Ganz gut – aber ist das nicht teuerer?« »Etwas. Aber die Differenz ist zu unbedeutend. Wie hoch soll der Kasten sein?« »Was raten Sie uns?« »Wir machen gegenwärtig die Schränke zwei Meter hoch. Da haben Sie über den Kleiderhaken noch genügend Raum für Hutschachteln.« »Ach ja, den brauchen wir dringend. Und nun das Wichtigste: der Kostenpunkt.« »Das kommt auf das Material, die

Ausführung und das Futter an.« »Wie meinen Sie das, Meister?« »Nun, ob Sie ihn in Eiche oder Palisanderholz, matt oder poliert, innen wie außen oder in billigerer Art furniert haben wollen.« »Können wir Holzproben sehen?« »Gewiß, hier sind sie.« »Ich sehe nur Naturhölzer. Ich dachte mir etwas wie grün oder violett gebeizt.« »Das war einmal, gnädige Frau, als sich die Leute noch secessionistisch einrichteten. Das ist nun längst vorbei. Die Leute, die so unglücklich waren, das zu tun, schämen sich jetzt dieser Möbel und suchen sie so schnell als möglich loszuwerden. Gegenwärtig empfindet man es als Brutalität, edles Mahagoni oder Palisanderholz grün zu beizen. Und auch für das einfache Ahornholz beginnt man Verständnis zu gewinnen. In dieser schrecklichen Zeit, die wir nun glücklich hinter uns haben, wurden sogar Lederkoffer grün oder violett gebeizt. Die unglücklichen Besitzer solcher Geschmacklosigkeiten schämen sich heute vor dem Gepäckträger und lassen sie zu Hause. Damals waren sie fein heraus. Die halbe Presse deckte ihnen den Rücken und man mußte das Maul halten, wollte man nicht als Feind der Kunst und des Fortschrittes verschrien werden.« »Sie haben recht, Meister! Ein Schrank soll doch mindestens so lange halten als ein Koffer.« »Das denke ich auch. Meine Arbeit ist teuer, aber gut. In diesem

Holze kostet der Schrank ohne Beschläge so und so viel, in diesem soviel.« »Wir wählen dieses Holz, außen und innen gleich.« »Ich werde Ihnen morgen einen Kostenanschlag senden. Ich hoffe, er wird Sie zufriedenstellen.« »Das hoffen wir auch. Auf Wiedersehen, Meister!« »Ich empfehle mich Ihnen, meine Herrschaften!«

Sie sehen, über den Stil wurde nicht gesprochen. Man meinte stillschweigend den Stil vom Oktober 1903. Sowie man auch noch nie einen Frack im Renaissancestil bestellt hat. Und warum soll der Gegenstand, in dem man ihn aufzubewahren gedenkt, anders behandelt werden als der Gegenstand, der aufbewahrt wird?

Weihnachtsausstellung im Österreichischen Museum

Man kann es nicht leugnen: Die Sammlung von Kopien alter Möbel, die jetzt im Österreichischen Museum zu sehen ist, hat Sensation gemacht. Sie bildet das Tagesgespräch. Man dünkt sich in unsere besten Zeiten des österreichischen Kunstgewerbes zurückversetzt. Damals als noch Wien in der gewerblichen Kunst im ersten Treffen stand, damals als noch der unvergessene Eitelberger das Regiment am Stubenring führte, kann die Teilnahme des Publikums an der schmückenden Kunst kaum größer gewesen sein. Man liest wieder die Berichte der Tagesblätter über die neuen Pfade und Wege, man debattiert, man streitet.

Ja noch mehr: Man geht wieder in die Weihnachtsausstellung hinein.

Was ist nun eigentlich geschehen? Das Österreichische Museum hat einen neuen Direktor erhalten, und dieser neue Direktor hat uns ein neues Gebiet eröffnet. Er hat dem modernen Stil Eingang verschafft, sagen die einen. Er hat den Anglizismus eingeführt, sagen die zweiten. Er betont das Praktische im Gebrauchsgegenstande, sagen die dritten. Wer hat nun Recht? Eigentlich alle. Aber das richtige Wort haben sie nicht gefunden. Er hat, so sage ich, den bürgerlichen Hausrat entdeckt.

Ich weiß, daß diese Erklärung allgemeines Kopfschütteln hervorrufen wird. Haben wir nicht die besten Gegenstände aller Zeiten und wessen Stande sie immer angehörten, gesammelt, in dem Museum aufbewahrt und studiert? Haben wir nicht die besten bürgerlichen Stücke der Gotik, der Renaissance, des Barock, des Rokoko und Empire benützt und nachgeahmt? – Haben wir uns nicht stets bürgerlich eingerichtet?

Nein, das haben wir nicht. Unsere Frauen und Töchter schliefen in einem Bette, in dem schon Maria Antoinette, das unglückliche Kaiserkind, in Trianon von Glanz, Glück und Pracht geträumt hatte. Der Herr Fleischhauermeister blickte mit Stolz auf ein altdeutsches Sofa, dessen Motive der Wandvertäfelung des Prunkzimmers im Rathause zu Bremen entnommen sind und eine Kombination eines Stückchens derselben – die ganze Vertäfelung würde sich ja zu teuer stellen – mit einer gepolsterten Truhe bilden. Und in dem Salon eines wohlhabenden Börseaners räkeln sich die Gäste in Fauteuils, die vollständig jenem gleichen, von dem aus einst Napoleon der Welt seine Gesetze diktiert hat. Sogar das kaiserliche »N« darf nicht fehlen. Und doch hat der Korse diesen Thron nur einmal benützt. Sonst haben er und seine Gäste sich mit weniger anspruchsvollen Möbeln begnügt.

Aber warum ist uns der bürgerliche Hausrat so wenig bekannt? Weil unverhältnismäßig wenig davon auf uns gekommen ist. Denn der Bürger brauchte seine Möbel auf, er benützte sie täglich, und schließlich heizte er damit ein. Für Pracht- und Prunkzimmer hatte er kein Geld. Und wenn doch ein oder das andere Stück sich erhalten hat, so fand sich selten ein Museum, das dem alten Haustiere ein Asyl gewährt hätte. Es zeichnete sich eben weder durch kunstvolle Arbeit, noch durch edles Material aus. Und hatte es sich doch da oder dort ein bescheidenes Plätzchen in einer Sammlung erobert, so wurde es sicher übersehen. Ganz anders das Fürstenmöbel. Das wurde nie oder selten in Gebrauch genommen und zeigte schon seinen vornehmen, nichtstuerischen Charakter dadurch an, daß es Motive der hohen Architektur aufwies und mit reichem Zierrat versehen war. Wenn es aber auch für den praktischen Gebrauch untauglich war, war es doch freilich in seinem Kreise nicht zwecklos. Sein Zweck war, zu repräsentieren und von dem Reichtume, der Pracht, der Kunstliebe und dem Geschmacke seines Besitzers Zeugnis abzulegen. Das Fürstenmöbel hat sich daher zweifellos mit Recht konserviert und bildet den Stolz und die Freude eines jeden Museums.

Von diesen Ausstellungsobjekten nun hat unser Jahrhundert einen falschen Gebrauch gemacht, indem es sie zum praktischen Muster nahm. Die Schranken, die das Königtum dem Hochadel gegenüber, dieser wieder dem niederen Adel und dieser dem Bürgertume gegenüber errichtet hatte, waren gefallen, und jeder konnte sich nach seinem Geschmacke einrichten und kleiden. Es kann uns also eigentlich nicht Wunder nehmen, wenn jeder Hausknecht wie bei Hofe eingerichtet und jeder Kellnerjunge wie der Prinz von Wales gekleidet sein will. Gefehlt aber wäre es, in diesem Umstande einen Fortschritt erblicken zu wollen. Denn die Fürstenmöbel, hervorgegangen aus einem immensen Überfluß, haben große Summen gekostet. Da aber der Allgemeinheit dieser Reichtum nicht zu Gebote steht, so kopiert sie die Formen auf Kosten des Materials und der Ausführung, und die Halbheit, die Hohlheit und jenes schreckliche Ungeheuer, das unserem Gewerbe das ganze Mark aus den Knochen zu saugen droht, die Imitation, hält ihren Einzug.

Und auch das Leben, das wir führen, steht mit den Gegenständen, mit denen wir uns umgeben, im

Widerspruche. Man vergißt, daß man neben dem Thronsaal ein Wohnzimmer haben muß. Man läßt sich von den stilvollen Möbeln ruhig malträtieren. Man stößt sich Beulen in die Knie und sitzt sich ganze Ornamente in den Rücken und dort, wo er aufhört. Von den verschieden ornamentierten Handgriffen unserer Gefäße haben wir im Laufe der letzten Jahre zwei Dezennien nacheinander Renaissance-, Barock- und Rokokoschwielen bekommen. Aber wir haben nicht gemuckst, denn jene, die sich dagegen aufgelehnt hätten, wären als Ignoranten und Menschen, denen jedes höhere Verständnis für die Kunst fehlt, an den Pranger gestellt worden.

Allein, was ich hier anrühre, gilt nur für den Kontinent. Drüben, jenseits des Ärmelkanals, wohnte ein Volk von freien Bürgern, das der alten Schranken schon so lange entwöhnt ist, daß Parvenü-Anwandlungen hier keinen Boden mehr finden. Sie verzichteten auf Fürstenprunk und Fürstenpracht in ihren Wohnungen. Kleiderordnungen kannten sie schon lange nicht mehr, und sie fanden daher auch keine sonderliche Befriedigung darin, die Großen nachzuahmen. Ihre eigene Bequemlichkeit ging ihnen über alles. Und unter dem Einflusse dieses Bürgertums machte sogar der Adel in diesem Lande langsam eine Wandlung durch. Er wurde einfach und schlicht.

Ein Land, das ein so selbstbewußtes freies Bürgertum aufweist, mußte den bürgerlichen Stil in der Wohnung bald zur höchsten Blüte bringen. Die besten Kräfte können sich hier für ihn einsetzen, sie können sich für diese Aufgaben konzentrieren, während in anderen Ländern dem Meister ersten Ranges das Fürstenmöbel zufallen wird, während sich der bürgerliche Hausrat mit Kräften zweiten Ranges begnügen muß. Man betrachte nur die beiden bedeutendsten Musterzeichner Englands und Frankreichs aus derselben Epoche. Nehmen wir zum Beispiel Thomas Chippendale und Meissonier, den Dessinateur Ludwigs XV. Bei diesem finden wir nur Entwürfe für des Königs Prunk- und Festräume, für Chippendale ist schon der anspruchslose Titel eines Kupferstichwerkes charakteristisch: *The Gentleman and Cabinetmaker's Director, being a collection of designs of house hold furniture.*

Man wird also wohl begreifen, daß in einer Sammlung bürgerlicher Möbel den Engländern der Löwenanteil zufallen muß. Haben sie doch sogar manchem d e u t s c h e n Bürgermöbel ein Heim bereitet, das seitdem bei uns vergessen wurde und jetzt auf dem Weg über England zu uns zurückkommt. Dafür gibt es interessante Beispiele; eines derselben sei hier erwähnt. Der grellrot lackierte Stuhl mit gelbem

Strohgeflecht, der uns heute so enorm englisch anmutet (Sprösselstuhl oder Hühnersteige nennt man ihn bei uns spottweise), findet sich in zahlreichen deutschen Interieurbildern des XVIII. Jahrhunderts, vor allem bei Chodowiecki.

Noch ein anderer Umstand macht die große Zahl der englischen Muster erklärlich. England war auch das erste Land, das gegen die Imitation zu Felde zog. Nun beginnen auch wir langsam, dagegen Front zu machen. Falsche Brillanten und falsches Pelzwerk gelten schon auch bei uns, Gott sei Dank, nicht mehr für fein. Wir müssen es unserer Weihnachtsausstellung danken, daß sie die neue Lehre auch auf die Wohnungseinrichtung anzuwenden uns anregt. Wer nicht das Geld für einen ledergepreßten Stuhl hat, der nehme einfach einen Strohsessel. Mancher wird davor zurückschrecken. Ein Strohsessel, wie ordinär! Nur zu, meine lieben Wiener, ein Strohsitz ist gerade so wenig ordinär wie keine Diamanten oder ein einfacher Tuchkragen am Winterrock. Bloß die imitierten Diamanten, Pelzkragen und Ledersitze, die sind's.

Und so bricht sich denn auch bei uns die Erkenntnis Bahn, daß man, wenn das Geld für das Reiche und Dekorative nicht ausreicht, das Hauptgewicht auf das Solide und Praktische legen muß. Die gemalten Intarsien, die aus Sägespänen und Leim gepreßten Holzschnitzereien, die »Verpfusche dein Heim«-Fenster und andere Patente aus der Rüstkammer der Imitation, die wie hartes Holz gestrichenen Türen und Fenster verschwinden langsam aus dem Bürgerhause. Der Bürgerstolz ist erwacht, das Parventuum kommt nun doch langsam außer Mode.

Der Clou der Ausstellung aber ist ein Interieur, das eine Kompagniearbeit unserer Wiener, des Malers Heinrich Lefler, des Bildhauers Hans Rathausky und der Architekten Franz Schönthaler jun. und Josef Urban bildet. Im Tagesgespräch heißt es kurzweg das Leflerzimmer. Diese kurze Bezeichnung war unbedingt notwendig. Denn die letzten Wochen war sie in aller Munde. Hochumjubelt von den Jungen, tiefgeschmäht von den Alten gilt dieses Zimmer für die erste Regung der Moderne in der schmückenden und angewandten Kunst auf Wiener Boden.

Modern sieht dieses Zimmer allerdings aus. Wenn man aber näher zusieht, ist es nur unser gutes altes deutsches Renaissance-Gschnaszimmer in modernem Lichte. Nichts fehlt: Die Holzvertäfelung mit den aufpatronierten Holzintarsien, der ehemalige altdeutsche Dekorationsdiwan (Gott habe ihn selig), dem immer die angenagelten blechernen Löwenköpfe abgerissen wurden, die mit vieler Mühe und

Not den persischen Überwurf hielten, und dessen Römer und altdeutsche Krüge so schön herumwackelten, wenn man die geringste Bewegung ausführte, sie alle, alle wurden mit herübergenommen und haben sich so schön maskiert, daß man sie im ersten Augenblick gar nicht wiedererkennt. Während z. B. beim alten »Dekorationsdiwan« einem altdeutsche Krüge auf den Kopf fallen konnten, fallen jetzt englische Vasen herunter, aber das freilich sicher. Ein großer Fortschritt, wenn man bedenkt, daß damit gewissermaßen die Halbheit vermieden ist und das keramische Gewerbe durch den starken Verbrauch gewinnen muß.

Wir sehen also schon, wo dieses Zimmer hinaus will. Es bringt uns moderne Formen im alten Geiste. Wir haben daher kein Recht, von einem modernen Zimmer zu sprechen. Man hätte der modernen Kunst einen großen Gefallen erwiesen, wenn man alte Formen im neuen Geiste angewendet hätte.

Versuchen wir es, auf die einzelnen Arbeiten überzugehen. Lefler lieferte eine entzückende Tapete, die das weitaus Beste im Zimmer ist. Unsere österreichische Tapetenindustrie hat dem nichts Ähnliches an die Seite zu stellen. Man denke: eine moderne Tapete, die nichts Englisches an sich hat, der man auf den ersten Blick die wienerische Provenienz ansieht. Vorzüglich sind auch die Applikationspolster und die Teppiche. Der Mohairteppich »Drachenkampf« verrät auch ein tüchtiges Beherrschen der Technik. Aber über die Technik strauchelte Lefler schon bei den Entwürfen zu den Glasfenstern. Er lieferte zwei: Das eine nennt sich Aschenbrödel, das andere Dornröschen. Beide verraten ein Schwanken zwischen zwei Techniken, der Glasmalerei und der amerikanischen Arbeit mit Glasflüssen. Das Aschenbrödel wirkt noch harmonisch, da hier die Glasmalerei nur dort angewendet wurde, wo es unbedingt notwendig war, zum Beispiel an den Gesichtern. Aber das Dornröschen ist unverzeihlich. Die gemalte Rosenhecke ist ein Schlag gegen die ehrliche Glasarbeit. Mit welcher Freude würde ein Glastechniker die Gelegenheit ergriffen haben, seine Kunst an den Rosen zu zeigen. Jedes Rosenblatt ein anderer Glasfluß! Diese Rosen schreien nach der amerikanischen Technik, umsomehr, als sie daneben an weniger wichtigen Punkten gezeigt wird. Und daher wirkt dieses Fenster so unharmonisch. Nachahmenswert dünkt mir der Versuch, das Mittelfenster frei zu lassen, um den ungestörten Ausblick ins Freie zu gewinnen. Alles in allem zeigen die Lefler'schen Arbeiten ein frisches Drauflosgehen und ein entschiedenes Talent, sich neuen Techniken unterzuordnen.

Das kann man von den übrigen Arbeiten nicht behaupten. Die imitierten Intarsien in der Wandvertäfelung und die banale Tapeziererarbeit des Plafonds lassen auf einen Mangel an Vornehmheit schließen. Ein prächtiger Hochzeitsschrank wird durch künstlich patinierte Bronzereliefs verdorben, die, wenn echt, der Reinlichkeit ihres Besitzers kein gutes Zeugnis ausstellen würden. Man bedenke doch, daß sich die grüne Patina auf den Bronzegegenständen durch das jahrtausendlange Liegen in der feuchten Erde gebildet hat, daß sie aber vollständig fehlte, solange die Gegenstände noch im Gebrauche waren. Von unseren Modernen könnte man doch erwarten, daß sie diesem archaisierenden Schwindel entgegentreten. Über das Bordbrett als Bekrönung des leicht gearbeiteten Sofas habe ich schon eingangs gesprochen. Auch die Uhr, auf der man nicht die Zeit ablesen kann, ist vertreten. Früher war das des »stilvollen« Zifferblattes wegen unmöglich, jetzt, weil es viereckig ist.

Man würde daher unrecht tun, wenn man für dieses Zimmer die moderne Innendekoration verantwortlich machen wollte. Der moderne Geist verlangt vor allem, daß der Gebrauchsgegenstand praktisch sei. Für ihn bedeutet Schönheit die höchste Vollkommenheit. Und da das Unpraktische niemals vollkommen ist, so kann es auch nicht schön sein. Zum zweiten verlangt er unbedingte Wahrheit. Ich habe ja oben schon gesagt, daß die Imitation, die Pseudoeleganz, Gott sei Dank, endlich unmodern wird. Und drittens verlangt er Individualität. Das heißt, daß sich im allgemeinen der König wie der König, der Bürger wie der Bürger und der Bauer wie der Bauer einzurichten habe und daß im besonderen wieder jeder König, jeder Bürger und jeder Bauer seine Charaktereigenschaften in seiner Wohnungseinrichtung zum Ausdrucke bringen soll. Die Aufgabe moderner Künstler ist es, den Geschmack der Menge innerhalb seiner verschiedenen charakteristischen Standesabstufungen zu heben, indem sie die Bedürfnisse der jeweilig geistig Vornehmsten erfüllen. Haben das unsere vier Künstler getan? Entspricht ihr Damenzimmer der Vornehmheit an der Aristokratin? Nein. Der Vornehmheit an der Fabrikantin auch nicht, und schon gar nicht der Vornehmheit an der Bürgersfrau. Es scheint vielmehr, daß sich in dieser billigen Eleganz doch noch einmal der alte Geschmack des Parventuums geregt hat. Hoffentlich zum letztenmale.

Möbel

Man kann die Interieurs, die in unserer Jubiläums-Ausstellung zu sehen sind, in drei Kategorien einteilen. Die erste bemüht sich, alte Möbel so getreu als möglich zu kopieren, die zweite will modern sein, und die dritte versucht es, alte Möbel für neue Bedürfnisse umzuändern.

Für heute will ich mich mit der ersten Kategorie befassen. Die zweite habe ich schon bereits in den Aufsätzen über das Otto-Wagner-Zimmer des längeren gewürdigt, die übrigen Räume sollen das nächste Mal beschrieben werden. Über die dritte Kategorie aber muß ich mit Stillschweigen hinweggehen.

Ich glaube, daß man einem toten Meister, wenn nicht Verehrung, so doch so viel Achtung entgegenbringen kann, daß man seine Werke unangetastet läßt. Es wäre eine Entwürdigung, begangen an den Manen Rafaels, wenn man eine Kopie der Sixtinischen Madonna in der Weise anfertigen würde, indem man den grünen Vorhang in Rubensrot ummalen, die beiden Engel mit anderen Köpfen versehen und an Stelle des heiligen Sixtus und der heiligen Barbara den heiligen Aloisius und die heilige Ursula setzen würde. Nur nicht übertreiben, höre ich da den Tischler sagen. Gewiß, das wird man nicht machen. Rafael war ein Maler. Aber bei einer Tischlerarbeit ...

Die großen Tischler der Renaissance und des Barock sollten aber von ihren Epigonen gerade so in Ehren gehalten werden, wie es unsere Maler mit ihren alten Meistern tun. Das erfordert die Standesehre. Man kann neues malen und tischlern, man kann altes kopieren, streng kopieren, so streng, als es unserer Zeit möglich ist, bis zum Aufgeben der eigenen Persönlichkeit, aber denjenigen, die sich an den Alten wissentlich vergreifen, sei ein energisches *»Hands off«* zugerufen.

Man wird einwenden, daß es nicht gut getan ist, auch das zu kopieren, was den alten Meistern anders zu machen nicht möglich war. Das Glas ist schlecht und besteht nur aus kleinen Stücken. Sicher hätte der große Meister, wenn ihm unsere hochentwickelte Glasindustrie zur Verfügung gestanden wäre, davon Gebrauch gemacht.

Gewiß hätte er das. Dann aber hätte er auch einen anderen Vorwurf für ein Glasgemälde gewählt, dann hätte er auch einen anderen Entwurf angefertigt. Stets hat man mit diesen vermeintlichen Verbesserungen Schiffbruch gelitten. Diese Figuren und diese Anordnung passen nur für dieses Material, und falls man ein modernes Glas anwenden würde, müßte man auch moderne Figuren zeichnen. Mißfällt einem etwas an dem alten Meister, dann lasse man ihn ganz in Ruhe. Größenwahn ist es aber, ihn verbessern zu wollen.

Man wird es in manchen Kreisen nicht gerne sehen, daß ich dem Kopieren das Wort rede. Andere Jahrhunderte haben auch nicht kopiert. Das ist nur unserer Zeit vorbehalten gewesen. Das Kopieren, das Nachahmen alter Stilformen ist aber eine Folge unserer sozialen Verhältnisse, die mit jenen der vorigen Jahrhunderte nichts gemein hat.

Die französische Revolution hat den Bürger frei gemacht. Nichts konnte ihn davon abhalten, Geld zu erwerben und von dem Gelde jeden beliebigen Gebrauch zu machen. Er konnt denselben Gebrauch davon machen wie der Adelige, ja der König sogar. Er konnte in goldenen Kutschen fahren, Seidenstrümpfe tragen und Schlösser kaufen. Warum sollte er das nicht? Das war sogar seine Pflicht. Es gibt Leute, die noch nach dem *Ancien régime* gravitieren. Allerdings, sagen sie, habe ich jetzt das Recht, mich wie der Prinz von Wales anzuziehen. Aber ich bin kein Königssohn. Ich bin nur ein einfacher Bürgersmann. Nein, lieber Bürgersmann, du hast nicht nur das Recht, sondern du hast auch die Pflicht, dich wie der Prinz von Wales anzuziehen. Gedenke, daß du ein Enkel bist. Dein Urgroßvater und dein Vater haben dafür gekämpft, vielleicht ihr Blut vergossen. Ein König und eine Kaiserintochter mußten ihr Haupt für diese Idee auf das Schafott legen. Nun ist es an dir, von dem Erkämpften den richtigen Gebrauch zu machen.

Wie sich der Prinz anzog, hatte unser Bürgertum bald heraus. Denn Kleider nützen sich bald ab, und wenn die alten unbrauchbar sind, bestellt man neue. Da war es nun ein Leichtes, zu demselben Schneider zu gehen und ihm zu sagen: Repéte. Anders war es aber mit dem Wohnen. Der Hochadel und das Königtum besaßen einen solche Überfluß an alten Möbeln, daß sie auf einige Zeit, auf Jahrhunderte hinaus versorgt waren. Was sollte man auch aus purer Neuerungssucht das Geld zum Fenster hinauswerfen? Im Gegenteile: Man freute sich des alten Besitzes, durch den man sich von dem reich gewordenen Bürgertum distinguierte. Denn das hatte damals, als man noch das Heft in der Hand hielt, nicht die Mittel, sich derartiges anzuschaffen. Unbewohnte Festräume, also richtige Möbelmagazine, hatte es nicht. Der Bürger brauchte seine Möbel auf. Wollte er sich nun mit denselben Sachen umgeben, so war er gezwungen, Kopien davon anfertigen zu lassen.

Das ist kein Fehler. Es mag parvenümäßig sein, aber es ist die Vornehmheit am Parvenü. Der Wunsch, sich mit Kopien oder Abbildungen alter Kultur-Erzeugnisse zu umgeben, die einem wohl gefallen, deren Originale aber einem unerreichbar sind, ist sicher sehr menschlich. Eine Photographie eines alten Bauwerkes, der Abguß eines Bildwerkes, die Kopie eines Tizian werden im Stande sein, einem die glücklichen Empfindungen zurückzurufen, die man bei der Betrachtung der Originale empfunden hat.

Drei Firmen haben in dieser Richtung gearbeitet. Leider nur drei, denn die Arbeiten der anderen gehören, ausgenommen die wenigen, die modern gearbeitet haben, in die dritte Kategorie. Diese drei, die ihrer modernen Interieurs wegen auch das nächstemal genannt werden, sind: Sandor Jaray, Bernhard Ludwig und J. W. Müller.

Man erinnert sich des Kampfes, den Sandor Jaray im Vorjahre mit dem Direktor unseres Kunstgewerbe-Museums, Hofrat v. Scala, ausgefochten hatte. Wenn man aber die Exposition Jaray betrachtet, so fragt man sich erstaunt: Wozu der Lärm? Hofrat v. Scala hat sich mit seinen Fundamental-Grundsätzen die Gegnerschaft der jetzigen Machthaber in der Kunstgewerbeschule und der Kunstgewerbe-Vereine zugezogen. Der erste Grundsatz, den ich eingangs durchgeführt habe und nach dem nun in allen Kulturländern gearbeitet wird, lautet: Kopieren, aber streng kopieren. Der zweite lautet: Für den modernen Möbelbau ist der englische tonangebend. Beides wird in den genannten Lagern auf das energischeste bekämpft. Man glaubt dort noch immer, im Geiste einer anderen Zeit Neues schaffen zu können. Man fühlt dort nicht, daß der gotische Gaskandelaber genau so ein Nonsens ist, wie die gotische Lokomotive. Der zweite Grundsatz aber, offenbar weil in ihm das Wort englisch vorkommt, wirkt wie ein rotes Tuch.

Sehen wir zu, wie Sandor Jaray Herrn v. Scala durch die Tat bekämpft. Er stellt einen Salon im Stile Ludwig's XV. aus, ein Speisezimmer in italienischer Barocke, einen Salon im – nach Ilg – »Maria-Theresia-Stil«, einen Salon im Empire, alles getreue Kopien, und nun kommt das Moderne, ein – horribile dictu – englisches Herrenzimmer. Man sieht also, daß Sandor Jaray Kunstgewerbe-Verein predigt, aber Hofrat v. Scala trinkt.

Gegen den Theoretiker Jaray mußte ich mich einmal in scharfen Worten äußern, für den Praktiker Jaray fehlen mir die Worte des Lobes. Man kann getrost sagen: Noch nie hat ein Wiener Gewerbetreibender in allen Stücken, sowohl der Qualität als der

Quantität, Vollendeteres geboten. Gewiß ist die Quantität sehr bemerkenswert, denn es gehört eine eminente Arbeitskraft und Leistungsfähigkeit dazu, außer laufenden Geschäften eine solche Anzahl mustergültiger Objekte zum gleichen Termin fertigzustellen. Was die Wiener Kunstindustrie an bedeutenden dekorativen Talenten aufzuweisen hat, wurde herangezogen, um das Speisezimmer auszugestalten. Wir sehen Supraporten von Matsch, einen Kamin von Schimkowitz, Reliefs von Zelezny und Lunetten von Makart. Wohin auch das Auge fällt, es ist kein Fehler drin. Alles ist strenge Kopie, streng im Geiste der Zeit. Und das ist eine Kunst, eine ganz bedeutende Kunst. Denn es ist viel leichter, eine neue Madonna in rafaelischer Manier hinzumalen, als der Sixtinischen gerecht zu werden.

Bernhard Ludwig hat außer drei modernen Räumen einen Salon, die Kopie eines Raumes im fürstbischöflichen Schlosse zu Würzburg, ausgestellt. Wände, Plafond und Möbel sind im grünen Vernis Martin hergestellt, ein reizender Effekt, den sich allerdings nur Leute gestatten können, die dazu einen roten Salon bauen, um schnell, wenn es nötig sein sollte – und es wird nötig sein – als Antidoton einige Minuten Aufenthalt in demselben zu nehmen.

J. W. Müller zeigt ein Herrenzimmer in deutscher Renaissance. Wie anheimelnd, wie gediegen! An liebevoller tüchtiger Tischlerarbeit sucht es seinesgleichen. Welche Achtung vor dem Können des alten Meisters offenbart sich in jeder Linie, jedem Beschlage! Nichts wurde geändert, selbst die alten deutschen »unschönen« Verhältnisse, wohl die härteste Probe auf das Empfinden eines modernen Menschen, wurden beibehalten. Recht so. Denn hier heißt es entweder – oder. Wie schön! Wie herrlich! Der moderne, tüchtige Wiener Meister, der dem alten Kollegen aus dem 16. Jahrhunderte zum Siege verhilft. Wie sagt doch Hans Sachs mit Richard Wagner? Ehrt eure deutschen Meister, dann bannt ihr gute Geister. Nun wissen wir: Sandor Jaray, Bernhard Ludwig und J. W. Müller sind gute Geisterbanner.

Die Plumber

Man könnte sich unser Säkulum ganz gut ohne Tischler denken – wir würden dann eiserne Möbel gebrauchen. Wir könnten ebenso gut den Steinmetz streichen – der Zementtechniker würde seine Arbeiten übernehmen. Aber ohne den Plumber gäbe es kein neunzehntes Jahrhundert. Er hat ihm seinen Stempel aufgedrückt, er ist uns unentbehrlich geworden. Und doch müssen wir ihn französisch benennen. Wir sagen zu ihm: Installateur.

Das ist falsch. Denn dieser Mann ist der Träger der germanischen Kulturanschauung. Die Engländer waren die Hüter und Wahrer dieser Kultur, und daher gebührt ihnen auch der Vorrang, wenn wir für den Mann uns anderwärts nach einer Benennung umsehen müssen. Zudem stammt das Wort aus dem Lateinischen – plumbum, das Blei, und ist daher sowohl für die Engländer als auch für uns kein Fremdwort, sondern ein Lehnwort.

Durch ein und einhalb Jahrhunderte schon beziehen wir unsere Kultur aus zweiter Hand: von den Franzosen. Wir haben uns nie gegen die Führerschaft Frankreichs aufgelehnt. Jetzt, wo wir nun merken, daß wir von den Franzosen dupiert wurden, jetzt, wo wir einsehen, daß die Franzosen die ganze

Zeit über von den Engländern am Gängelbande geführt wurden, machen wir gegen die englische, die germanische Kultur Front. Von den Franzosen geleitet zu werden, war uns sehr angenehm; der Gedanke aber, daß eigentlich die Engländer die Führer sind, macht uns nervös.

Und doch hat die germanische Kultur ihren Siegeszug über den ganzen Erdball angetreten. Wer ihr entgegenkommt, wird groß und mächtig: die Japaner. Wer sich ihr entgegenstemmt, wird zertreten: die Chinesen. Wir müssen die germanische Kultur akzeptieren, und wenn wir Deutsche uns noch so sehr dagegen sträuben. Es hilft uns nichts, auch wenn wir Zeter und Mordio gegen die »englische Krankheit« anstimmen. Unsere Lebensbedingung, unsere Existenz hängt davon ab.

Die Engländer lagen etwas abseits vom großen Weltgetriebe. Und wie uns die Isländer den germanischen Mythos durch Jahrtausende treu bewahrt haben, so brach an der englischen Küste und an den schottischen Bergen die romanische Welle, die auch den letzten Rest germanischer Kultur aus den deutschen Landen hinweggeschwemmt hatte. Die Deutschen wurden Romanen im Fühlen und Denken. Nun erhalten sie durch die Engländer ihre eigene Kultur wieder zurück. Und wie der Deutsche immer in bekannter Zähigkeit an dem einmal Erworbenen festhält, so sträubt er sich jetzt auch gegen die englische Kultur, weil sie ihm neu erscheint. Hatte es doch schon Lessing Mühe gekostet, den Deutschen die Größe germanischer Denkungsart zu erschließen. Etappenweise mußte eine Position gegen die verschiedenen Gottscheds genommen werden, und erst neulich tobte der Kampf in der Tischlerwerkstätte.

Unsere Gottscheds und mit ihnen alle Nachahmer französischer Kultur und Lebensgewohnheit stehen auf einem verlorenen Posten. Vorbei ist die Furcht vor den Bergen, vorbei die Scheu vor der Gefahr, vorbei die Angst vor dem Straßenstaub, dem Waldgeruch, der Ermüdung. Vorbei ist die Angst vor dem Schmutzigwerden, die heilige Scheu vor dem Wasser. Als die romanische Weltanschauung noch regierte, zur Zeit des großen Ludwig also, da hat man sich nicht schmutzig gemacht, aber man hat sich auch nicht gewaschen. Gewaschen hat sich nur das gemeine Volk. Die Vornehmen wurden emailliert. »Das muß ein schönes Schwein sein, das sich jeden Tag waschen muß«, sagte man wohl damals ... In Deutschland spricht man wohl noch heute so. Las ich doch erst diese Antwort neulich in den »Fliegenden«, die dort von einem Vater gebraucht wird, als ihm sein kleiner Bub die Verordnung des Lehrers mitteilt, sich täglich waschen zu müssen.

Die Angst vor dem Schmutzigwerden kennt der Engländer nicht. Er geht in den Stall, streichelt sein Pferd, setzt sich darauf und fliegt über die weite Heide. Der Engländer macht alles selbst, er jagt, steigt auf die Berge und sägt Bäume. Das Zusehen macht ihm keine Freude. Auf der englischen Insel hat die germanische Ritterlichkeit ein Asyl gefunden und hat sich nun von neuem die Welt erobert. Zwischen Maximilian, dem letzten Ritter und unserer Epoche liegt die lange Zeit der romanischen Fremdherrschaft. Karl VI. auf der Martinswand! Ein unmöglicher Gedanke! Die Allonge-Perücke und die Alpenluft! Da hätte wohl der Kaiser die Spitzen der Berge nicht als einfacher Jäger besteigen dürfen. Er hätte höchstens, wenn er den für die damalige Zeit seltsamen Wunsch geäußert hätte, in der Sänfte hinaufgetragen werden müssen.

In dieser Zeit hatten die Plumber nichts zu tun und auf diese Weise sind sie auch um ihren Namen gekommen. Wohl gab es Wasserleitungs-Anlagen, Wasser für Springbrunnen, Wasser zum Anschauen. Aber für Bäder, für Duschen, für *Waterclosets* wurde nicht gesorgt. Zum Waschen ging man mit dem Wasser sehr sparsam um. In den deutschen Dörfern mit romanischer Kultur kann man noch heute Waschbecken erhalten, mit welchen wir schon zu Engländern gewordenen Städter mit dem besten Willen nichts anzufangen wissen. Das war nicht immer so. Deutschland war im Mittelalter durch seinen Wasserverbrauch berühmt. Die großen öffentlichen Badestuben (nur der Bader, der Friseur, ist uns davon mehr übrig geblieben) waren täglich überfüllt, und jedermann nahm täglich mindestens ein Bad. Und während in den späteren Königsschlössern überhaupt keine Bäder zu finden sind, war das Badezimmer im deutschen Bürgerheim der glänzendste und prächtigste Raum des Hauses. Wer kennt nicht das berühmte Badezimmer im Fugger-Hause in Augsburg, dieses Juwel deutscher Renaissancekunst! Und Sport und Spiel und das edle Waidwerk, das alles wurde, als die germanische Weltanschauung maßgebend war, nicht nur von den Deutschen gepflegt.

Wir sind zurückgeblieben. Als ich vor einiger Zeit eine amerikanische Dame fragte, welches ihr der bemerkenswerteste Unterschied zwischen Österreich und Amerika dünkte, antwortete sie mir: *The plumbing!* Die Installations-Arbeiten. Heizung, Beleuchtung und die Wasserleitungs-Anlagen. Unsere Hähne, Ausgüsse, *Waterclosets*, Waschtische etc. sind noch weit, weit hinter den englischen und amerikanischen Einrichtungen zurück. Daß wir, wenn wir uns die Hände waschen wollen, erst auf den Korridor gehen müssen, um das Wasser im Kruge zu holen, daß es Toiletten ohne Waschgelegenheiten gibt, das erscheint dem Amerikaner als das auffallendste. In dieser Beziehung verhält sich Amerika zu Österreich wie Österreich zu China. Man wird einwenden, daß es solche Einrichtungen auch schon bei uns gibt. Gewiß, aber nicht überall. Auch in China gibt es englische Waschgelegenheiten, für die Reichen sowohl als für die Fremden. Aber das Gros des Volkes kennt sie nicht.

Eine Wohnung ohne Badezimmer! In Amerika eine Unmöglichkeit. Der Gedanke, daß es am Ende des 19. Jahrhunderts ein Land von Millionen gibt, dessen Einwohner sich nicht alle täglich baden können, wäre für Amerika eine Ungeheuerlichkeit. Daher kann man auch in den niedersten Vierteln New Yorks um 10 Cents im Massenquartier reinlicher und angenehmer schlafen als in unserem Dorfgasthause. Daher gibt es in Amerika nur einen Wartesaal einer Klasse, in dem auch bei dem größten Andrange nicht der geringste Geruch zu verspüren ist.

In den 30er-Jahren machte einer vom jungen Deutschland – es war Laube in den »Kriegern« – einen großen Ausspruch: Deutschland gehört ins

Bad. Bedenken wir doch recht: Eigentlich brauchen wir gar keine Kunst. Wir haben ja noch nicht einmal eine Kultur. Hier könnte der Staat rettend eingreifen. Statt das Pferd beim Schwanz aufzuzäumen, statt das Geld auf die Erzeugung der Kunst zu verwenden, versuche man es mit der Erzeugung einer Kultur. Neben Akademien baue man auch Bade-Anstalten und nebst Professoren stelle man auch Bademeister an. Eine höhere Kultur hat schon eine höhere Kunst zur Folge, die dann, wenn sie sich offenbaren will, mit oder ohne Hilfe des Staates zu Tage tritt.

Aber der Deutsche – ich denke nur an die große Allgemeinheit – verbraucht zu wenig Wasser für den Körper und für das Haus. Er tut es nur, wenn er muß, wenn ihm gesagt wird, daß es seiner Gesundheit zuträglich ist. Ein schlauer Bauer in Schlesien und ein schlauer geistlicher Herr in den bayrischen Bergen haben das Wasser als Heilmittel verordnet. Das half. Leute von der ausgemachtesten Wasserscheu pritschelten jetzt im Wasser. Und gesund werden die Leute auch. Das ist ja ganz natürlich. Wer kennt nicht die Geschichte von dem Eskimo, der einem Reisenden gegenüber über ein altes Brustleiden klagte. Der Reisende klebte ihm ein Heftpflaster auf die Brust und verhieß dem ungläubigen Patienten Heilung zum nächsten Tage. Das Pflaster wurde abgenommen, die

Schmerzen waren gewichen und damit eine dicke Schmutzschichte, die an dem Pflaster hängen geblieben war. Eine Wunderkur!

Traurig ist, daß viele Menschen nur mit Hilfe solcher Mittel zum Waschen und Baden zu bewegen sind. Wäre das Bedürfnis allgemein vorhanden, der Staat müßte ihm Rechnung tragen. Und wenn nicht jedes Schlafzimmer seinen eigenen Baderaum hätte, so müßte der Staat Riesenbäder bauen, gegen welche sich die Thermen des Caracalla wie eine Badestube ausnehmen würden. Der Staat hat ja ein Interesse daran, das Reinlichkeitsbedürfnis im Volke zu heben. Denn nur jenes Volk kann wirtschaftlich mit den Engländern gleichen Schritt halten, das diesen im Wasserverbrauche nahe kommt; nur jenes Volk ist berufen, die Weltherrschaft von den Engländern zu übernehmen, das diese im Wasserverbrauche übertreffen wird.

Der Plumber aber ist der Pionier der Reinlichkeit. Er ist der erste Handwerker im Staate, der Quartiermacher der Kultur, der heute maßgebenden Kultur. Jedes englische Waschbecken mit dem Wassereinlauf und Abguß ist ein Merkmal englischen Fortschrittes. Jeder englische Herd mit seinen Einrichtungen für das Braten und Rösten des Fleisches am offenen Feuer ist ein neuer Sieg des germanischen

Geistes. Auch auf der Wiener Speisekarte macht sich eine solche Umwälzung bemerkbar. Der Verbrauch des *Roastbeefs*, der am Rost gebratenen *Steaks* und *Cutlets* wird immer größer, während der Verbrauch des Wiener Schnitzels und Backhendels, dieser italienischen Gerichte, und der geschmorten, gekochten und gedünsteten französischen Speisen immer mehr zurückgeht.

Auch der Herd gehört zur Bietung des Plumbers, und wir sehen in der Abteilung des Niederösterreichischen Gewerbevereines in der Rotunde eine Hotel- und Herrschaftsküche vom Hofmaschinisten Preynößl mit allen erforderlichen Herden aufgestellt, die einen Ruhepunkt in dem Hexensabbat bildet, den die verschiedenen Stile in dieser Abteilung der Jubiläums-Ausstellung aufführen. Die Herde sind wohl das Beste, was uns in dieser Beziehung vorgeführt wird. Man sieht sofort, daß wir, wenn auch weniger auf Reinlichkeit, so doch aufs gute Essen halten. Das Musterstück liefert wohl die Firma Kurz, Rietschel & Henneberg in Gestalt eines Admirals-Kochapparates für den Panzerkreuzer »D«. Da gibt's kein Ornament, nichts Überflüssiges, nur die reine, korrekte Form, und diese, verbunden mit dem spiegelnden blanken Messing, wird in jedem modern denkenden Menschen jenes Gefühl der befriedigenden Freude hervorrufen, die man sonst nur bei absoluten Kunstwerken empfindet. Mir geht es wenigstens so, und ich glaube, daß sich auch bald andere finden werden, die den Mut haben, das einzugestehen. Leider ist auch hier zu berichten, daß eine der hervorragendsten Firmen dieser Branche ihre Sparherde mit goldbronzierten gußeisernen Akantusblättern versehen hat. Schrecklich! Auch Joseph Heinrich hat wohl mit seinem Herd über das Ziel hinausgeschossen. Der Herd verträgt heute auch nicht mehr das diskreteste Ornament. Der einzige Schmuck der Küche – und das gilt auch für die Küchenmöbel – ist die Reinlichkeit.

Die eisernen Öfen leiden wohl alle auch an dem Übelstande, daß man das Problem ihrer Konstruktion in den verschiedenen Stilen lösen will. Das geht natürlich nicht. Einen Ofen neuester Konstruktion machen die paar aufgeschraubten Rokokoschnörkel noch nicht zum Rokoko-Ofen. Die einfachsten Objekte wirken auch hier wieder am vornehmsten und sind daher die besten. Hier zeichnen sich Hofmaschinist Rudolph Geburth aus, H. Heim, Eduard Mattausch, die Olmützer Gesellschaft »Moravia«, Lambert Reifschneider, die Gesellschaft »Helios« – hier nur der in Messing montierte Kachelofen – Joseph Viktorin und der ganz versteckte Tobias Streicher, der trotz einzelner kleiner Mängel in der Form doch die elegantesten und geschmackvollsten Öfen (Kachel und Messing) zur Ausstellung gebracht hat.

Am schwächsten sind wohl unsere Bade-Einrichtungen. Statt die Wanne mit weißen Kacheln auszukleiden, nimmt man hierzulande lieber färbige, damit, wie mir ein Fabrikant – er hat nicht ausgestellt – naiv versicherte, der Schmutz weniger gesehen werde. Die Blechwannen werden, statt mit weißer Farbe, der einzigen, die dafür taugt, auch dunkel emailliert. Schließlich gibt es Blechbadewannen, die den Schein erwecken wollen, daß sie aus Marmor bestehen. Es gibt Leute, die das glauben, denn auch diese marmorierten finden ihre Käufer. Auch für jene braven Leute, die noch auf dem Indianer-Standpunkte stehen – bekanntlich ornamentiert der Indianer alles, was ihm erreichbar ist – wurde bestens vorgesorgt. Man findet Rokoko-Ventile und Rokoko-Hähne und auch einen Rokoko-Waschtisch. Ein wahres Glück ist es, daß einige Firmen sich auch der Nichtindianer angenommen haben. So sehen wir bei M. Steiner vorzügliche, ganz glatte und daher elegante amerikanische Kopfduschen – eine neue Erfindung – und bei G. Esders tüchtige und korrekte Einrichtungen sowohl in Form wie in Farbe. Vom rein technischen Standpunkte wäre noch erwähnenswert, daß die

Kurbelventile in der Plumberei jetzt, im Zeitalter der Radventile, gar keine Berechtigung mehr haben. Das ist ein alter Zopf, der abgeschnitten zu werden verdient. Das Kurbelventil ist nicht billiger, hat jedoch eine frühere Abnützung und viele andere Unzukömmlichkeiten zur Folge. Wenn aber unsere Plumber nicht wollen, so möge das Publikum in seinem eigenen Interesse nachhelfen und auf die Anbringung von Radventilen dringen.

Die Hebung des Wasserverbrauches ist eine der dringendsten Kulturaufgaben. Mögen dabei unsere Wiener Plumber ihre Pflicht voll und ganz erfüllen, um uns dem großen Ziele näher zu bringen, mit den übrigen Kulturvölkern des Abendlandes auf derselben Kulturhöhe zu stehen. Denn sonst könnte uns etwas sehr Unangenehmes, etwas sehr Beschämendes passieren. Sonst könnten – wenn nämlich beide Völker in demselben Tempo vorgehen – die Japaner die germanische Kultur früher erreichen, als die Österreicher.

Vom armen reichen Mann

Von einem armen reichen Mann will ich euch erzählen. Der Mann hatte Geld und Gut, ein treues Weib, das ihm die Sorgen, die das Geschäft mit sich brachte, von der Stirne küßte, einen Kreis von Kindern, um die ihn der Ärmste seiner Arbeiter beneidet hätte. Seine Freunde liebten ihn, seine Mitbürger schätzten ihn. Alle aber beneideten ihn, denn was er angriff, gedieh. Aber heute ist es ganz, ganz anders geworden. Und das kam so.

Eines Tages sagte sich dieser Mann: Du hast Geld und Gut, ein treues Weib und Kinder, um die dich der ärmste Arbeiter beneiden würde. Aber bist du denn glücklich, wirklich ganz glücklich? Siehe, es gibt Menschen, denen alles fehlt, worum man dich beneidet. Aber ihre Sorgen werden hinweggescheucht durch eine große Zauberin: die Kunst. Und was ist dir die Kunst? Du kennst sie nicht einmal dem Namen nach. Jeder Protz kann seine Visitenkarte bei dir abgeben, und dein Diener reißt den Flügel auf. Aber die Kunst hast du noch nicht bei dir empfangen. Ich weiß wohl, sie kommt nicht. Aber ich werde sie aufsuchen. Wie eine Königin soll sie bei mir einziehen und bei mir wohnen.

Er war ein kraftvoller Mann. Was er anpackte, wurde mit Energie ausgeführt. Das war man immer bei seinen Geschäften gewohnt. Und so ging er noch selben Tages zu einem berühmten Architekten und sagte ihm: Bringen Sie mir Kunst, die Kunst in meine vier Pfähle. Kostenpunkt Nebensache.

Der Architekt ließ sich das nicht zweimal sagen. Er ging zu dem reichen Mann hin, warf alle seine Möbel heraus, ließ ein Heer von Parkettierern, Spalierern, Lackierern, Tapezierern, Maurern, Anstreichern, Tischlern, Installateuren, Schlossern, Töpfern, Teppichspannern, Malern und Bildhauern einziehen und hui, hast du nicht gesehen, war die Kunst eingefangen, eingeschachtelt, wohlverwahrt in den vier Pfählen des reichen Mannes.

Der reiche Mann war überglücklich. Überglücklich ging er durch die neuen Räume. Wo er hinsah, war Kunst. Kunst in allem und jedem. Er griff in Kunst, wenn er eine Klinke ergriff, er setzte sich auf Kunst, wenn er sich in einem Sessel niederließ, er vergrub sein Haupt in Kunst, wenn er es ermüdet in die Kissen vergrub, sein Fuß versank in Kunst, wenn er über die Teppiche schritt. Mit einer ungeheuren Inbrunst schwelgte er in Kunst: Seitdem auch sein Teller mit artistischem Dekor versehen war, schnitt er sein Bœuf à l'Oignon noch einmal so fest entzwei.

Man pries ihn, man beneidete ihn. Die Kunstzeitschriften verherrlichten seinen Namen als einen der ersten in der Reihe der Mäzene, seine Zimmer wurden zum Vorbild und zur Darnachachtung abgebildet, erläutert und erklärt.

Aber sie verdienten es auch. Jeder Raum bildete eine abgeschlossene Farbensymphonie. Wand, Möbel und Stoffe waren in der raffiniertesten Weise zusammengestimmt. Jedes Gerät hatte seinen bestimmten Platz und war mit den anderen zu den wunderbarsten Kombinationen verbunden. Nichts, gar nichts hatte der Architekt vergessen. Zigarrenabstreifer, Bestecke, Lichtauslöscher, alles, alles war von ihm komponiert worden. Aber es waren nicht die landläufigen Architektenkünste, nein, in jedem Ornamente, in jeder Form, in jedem Nagel war die Individualität des Besitzers ausgedrückt. Eine psychologische Arbeit, deren Schwierigkeit jedermann einleuchten wird.

Der Architekt aber wehrte alle Ehren bescheiden ab. Denn, sagte er, diese Räume sind gar nicht von mir. Da drüben in der Ecke steht nämlich eine Statuette von Charpentier. Und wie ich es jedem verübeln würde, ein Zimmer als seinen Entwurf auszugeben, sobald er vielleicht nur eine meiner Türschnallen verwendet hätte, geradeso wenig kann ich mir nun herausnehmen, diese Zimmer als mein geistiges Eigentum auszugeben. Das war edel und konsequent gesprochen. Mancher Tischler, der vielleicht sein Zimmer mit einer Walter Crane'schen Tapete versehen hatte, und doch die darin befindlichen Möbel sich zuschreiben wollte, weil er sie erfunden und ausgeführt hatte, schämte sich in den tiefsten Grund seiner schwarzen Seele hinein, als er diese Worte erfuhr.

Kehren wir nach dieser Abschweifung zu unserem reichen Mann zurück. Ich habe ja schon gesagt, wie glücklich er war. Einen großen Teil seiner Zeit widmete er von nun an dem Studium seiner Wohnung. Denn das muß gelernt sein, das sah er wohl bald. Da gab es gar viel zu merken. Jedes Gerät hatte einen bestimmten Platz. Der Architekt hatte es gar zu gut mit ihm gemeint. An alles hat er schon vorher gedacht. Für das kleinste Schächtelchen gab es einen bestimmten Platz, der gerade dafür gemacht war.

Bequem war die Wohnung, aber den Kopf strengte sie gar sehr an. Der Architekt überwachte daher in den ersten Wochen das Wohnen, damit sich kein Fehler einschleiche. Der reiche Mann gab sich alle Mühe. Aber es geschah doch, daß er ein Buch aus der Hand legte und es im Gedanken in jenes Fach schob, das für die Zeitungen angefertigt war. Oder daß er die Asche seiner Zigarre in jene Vertiefung des Tisches abstrich, die für den Leuchter bestimmt war. Hatte man einmal einen Gegenstand in die Hand genommen, so war des Ratens und Versuchens nach dem alten Platz kein

Ende, und manchmal mußte der Architekt die Detailzeichnungen aufrollen, um den Platz für eine Zündhölzchenschachtel wieder zu entdecken.

Wo die angewandte Kunst solche Triumphe feierte, durfte die angewandte Musik nicht zurückbleiben. Diese Idee beschäftigte den reichen Mann sehr. Er machte eine Eingabe an die Tramwaygesellschaft, in der er ersuchte, die Conducteure anzuweisen, sich statt des sinnlosen Läutens des Parsifalglockenmotivs zu bedienen. Allein er fand bei der Gesellschaft kein Entgegenkommen. Dort war man für moderne Ideen noch nicht genug empfänglich. Dafür wurde ihm gestattet, die Pflasterung vor seinem Hause auf eigene Kosten ausführen zu lassen, wodurch jedes Fuhrwerk gezwungen wurde, im Rhythmus des Radetzky-Marsches vorbeizurollen. Auch die elektrischen Läutewerke in seinen Räumen erhielten Wagner- und Beethoven-Motive, und alle berufenen Kunstkritiker waren voll des Lobes über den Mann, der der »Kunst im Gebrauchsgegenstande« ein neues Gebiet eröffnet hatte.

Man kann sich vorstellen, daß alle diese Verbesserungen den Mann noch glücklicher machten.

Es darf aber nicht verschwiegen werden, daß er es vorzog, möglichst wenig zu Hause zu sein. Nun ja, von so viel Kunst will man sich auch hie und da ausruhen. Oder könnten Sie in einer Bildergalerie wohnen? Oder Monate lang in »Tristan und Isolde« sitzen? Nun also! Wer wollte es ihm verdenken, wenn er neue Kräfte im Café, in der Restauration oder bei Freunden und Bekannten für seine Wohnung sammelte. Er hatte sich das anders gedacht. Aber der Kunst müssen Opfer gebracht werden. Er hatte doch schon so viele gebracht. Sein Auge wurde feucht. Er dachte vieler alter Dinge, die er so lieb gehabt hatte und die er doch manchmal vermißte. Der große Lehnstuhl! Sein Vater hatte schon immer sein Nachmittagsschläfchen darin gemacht. Und die alte Uhr! Und die Bilder! Aber die Kunst verlangt es! Nur nicht weich werden!

Einmal geschah es, daß er seinen Geburtstag feierte. Seine Frau und Kinder hatten ihn reich beschenkt – Sachen, die ihm herzliche Freude bereiteten. Denn sie gefielen ihm ausnehmend. Bald darauf kam der Architekt, um nach dem Rechten zu sehen und Entscheidungen in schwierigen Fragen zu treffen. Er trat in das Zimmer. Der Hausherr kam ihm freudig entgegen, denn er hatte vieles auf dem Herzen. Aber der Architekt sah nicht die Freudigkeit des Hausherrn. Er hatte etwas ganz anderes entdeckt. Er erbleichte. »Was haben Sie denn für Hausschuhe an«, stieß er mühsam hervor.

Der Hausherr besah sich seine gestickten Schuhe. Aber er atmete erleichtert auf. Diesmal fühlte er sich ganz unschuldig. Die Schuhe waren nämlich nach dem Originalentwurfe des Architekten gearbeitet worden. Er antwortete daher überlegen:

»Aber Herr Architekt! Haben Sie schon vergessen! Die Schuhe haben Sie ja selbst gezeichnet!«

»Gewiß«, donnerte der Architekt, »aber für das Schlafzimmer. Sie aber zerreißen mit diesen zwei unmöglichen Farbflecken die ganze Stimmung. Sehen Sie denn das gar nicht ein.«

Der Hausherr sah wohl ein. Er zog rasch die Schuhe aus und war todfroh, daß der Architekt nicht auch seine Strümpfe unmöglich fand. Sie gingen nach dem Schlafzimmer, wo der reiche Mann wieder seine Schuhe anziehen durfte.

»Ich habe«, begann er hier zaghaft, »gestern meinen Geburtstag gefeiert. Meine Lieben haben mich mit Geschenken förmlich überschüttet. Ich habe Sie rufen lassen, lieber Herr Architekt, damit Sie uns Ratschläge geben, wie wir die Sachen am besten aufstellen könnten.«

Das Gesicht des Architekten verlängerte sich zusehends. Dann brach er los:

»Wie kommen Sie dazu, sich etwas schenken zu lassen! Hab ich Ihnen nicht alles gezeichnet? Habe ich nicht auf alles Rücksicht genommen? Sie brauchen nichts mehr. Sie sind complet.«

»Aber«, erlaubte sich der Hausherr zu erwidern, »ich werde mir doch noch etwas kaufen dürfen?«

»Nein, das dürfen Sie nicht. Nie und niemals! Das fehlte mir noch. Sachen, die nicht von mir gezeichnet sind! Habe ich nicht genug getan, daß ich Ihnen den Charpentier gestattete? Diese Statue, die mir den ganzen Ruhm meiner Arbeit raubte! Nein, Sie dürfen nichts mehr kaufen!«

»Aber wenn mir mein Enkerl eine Kindergartenarbeit schenkt?«

»Dann dürfen Sie sie nicht nehmen.«

Der Hausherr war vernichtet. Aber noch hatte er nicht verloren. Eine Idee, jawohl, eine Idee!

»Und wenn ich mir in der Secession ein Bild kaufen wollte?« fragte er triumphierend.

»Dann versuchen Sie doch, es irgendwo aufzuhängen. Sehen Sie denn nicht, daß für nichts mehr Platz ist? Sehen Sie denn nicht, daß ich für jedes Bild, das ich Ihnen hergehängt habe, auch einen Rahmen auf der Wand, auf der Mauer dazukomponiert habe? Nicht einmal rücken können Sie mit einem Bilde. Probieren Sie doch, ein neues Bild unterzubringen!«

Da vollzog sich in dem reichen, reichen Manne eine Wandlung. Der Glückliche fühlte sich plötzlich tief, tief unglücklich. Er sah sein zukünftiges Leben. Niemand durfte ihm mehr eine Freude bereiten.

Wunschlos mußte er an den Verkaufsläden dieser Stadt vorübergehen: Für ihn wurde nichts mehr erzeugt. Keines seiner Lieben durfte ihm sein Bild schenken, für ihn gab es keine Maler mehr, keine Künstler, keine Handwerker. Er war ausgeschaltet aus dem künftigen Leben und Streben, Werben und Wünschen. Er fühlte: Jetzt heißt es lernen, mit seinem eigenen Leichnam herumzugehen. Jawohl: Er ist fertig! Er ist complet!

Aus meinem Leben

Ich treffe den berühmten modernen Raumkünstler X. auf der Straße.

Guten Tag, sage ich, gestern habe ich eine Wohnung von Ihnen gesehen.

So – welche ist es denn?

Die des Dr. Y.

Wie, die des Dr. Y. Um Gotteswillen, schauen Sie sich doch den Dreck nicht an. Das habe ich vor drei Jahren gemacht.

Was Sie nicht sagen! Sehen Sie, lieber Kollege, ich habe immer geglaubt, zwischen uns gibt es einen prinzipiellen Unterschied. Nun sehe ich, daß es sich nur um einen Zeitunterschied handelt. Einen Zeitunterschied, den man sogar in Jahren ausdrücken kann. Drei Jahre! Ich habe nämlich schon damals behauptet, daß es ein Dreck ist – und Sie tun das erst heute.

Wohnungswanderungen

Man spricht seit zwei Jahren von einem Bankrott der modernen Wohnungseinrichtungen. Man spricht davon, daß man wieder zu den alten Stilen zurückkehren solle. Und als letztes Heilmittel wird Biedermeier verschrieben.

In Deutschland hieß die moderne Bewegung Jugendstil. Bei uns Secession. Beide Bezeichnungen sind Schimpfwörter geworden.

Es sind bald zehn Jahre her, daß ich in einer Reihe von Aufsätzen vor diesen beiden Stilarten warnte. Ich sagte damals: Man möge sich weder in einer der alten, noch in einer der neuen Stilarten einrichten, sondern modern.

Mit meiner Ansicht blieb ich damals in der Minorität. In einer sehr kleinen Minorität sogar. Es war die Minoritätszahl eins.

Unsere modernen Erzeugnisse wurden sowohl von den Künstlern als auch von den staatlichen Behörden mit Geringschätzung behandelt. Ich verwies darauf, daß es gar nicht notwendig sei, den Stil unserer Zeit erst zu konstruieren, da wir ihn doch schon besitzen. Unsere Maschinen, unsere Kleidung, unsere Wagen und Pferdegeschirre, unsere Glas- und Metallwaren und alles, alles, was einer unzeitgemäßen Verballhornung durch die Architekten entgangen ist, war modern. Gewiß, die Tischlerarbeit war den Architekten seit 50 Jahren in Bausch und Bogen ausgeliefert. Es galt daher, sie von den Architektenklämschen und Kinkerlitzen zu befreien. Dann konnte uns zur modernen Wohnungseinrichtung nichts mehr fehlen.

Der Weg hiezu war sehr einfach. Gewisse Erzeugnisse des Tischlers, des Holzbearbeiters waren dem Architekten entgangen. Die hieß es nun zu sammeln und ihre Formen auf ähnliche Fälle anzuwenden. Da gab es Kassetten, die der Pikkolo in den Wiener Restaurants herumtrug, um die Zigarren zu servieren. Da gab es Eiskasten für »Gefrorenes« in den Wiener Kaffeehäusern. Da gab es Glasvitrinen in der Geschäftseinrichtungsbranche. Da gab es Beschläge, die auch dort, Schlüsselbleche, die bei der Kofferfabrikation verwendet wurden. Und sogar wie sich die Wandvertäfelung entwickelt hätte, konnte man erfahren: durch die *Waterclosets,* die eine solche Wandvertäfelung zur Verschalung des Wasserkastens und der Wand aufwiesen.

Nun hatte man die moderne Tischlerarbeit. Dieser Tischlerarbeit fehlte das, was die Mitarbeit des Architekten zur Voraussetzung hatte: das Ornament. Da nämlich das alte Möbel geschnitzte oder eingelegte Ornamente und Profile aufwies, der moderne Tischler aber keine zeichnen kann, drängte sich ihm der Architekt auf. Der Tischler kann das nicht, weil er ein moderner Mensch ist. Der Architekt konnte es und kann es, weil er ein unmoderner Mensch ist. Denn – auch das behauptete ich vor zehn Jahren – ein moderner Mensch ist nicht mehr imstande, ein Ornament hervorzubringen. Die modernen Erzeugnisse unserer Kultur weisen kein Ornament auf. Koffer- und Lederarbeiter, Schneider, Elektriker, Maschinenfabrikant ornamentieren nicht. Nur Menschen, die wohl in der Gegenwart geboren sind, aber faktisch in einem früheren Jahrhunderte leben, die Frauen, die Landbevölkerung, die Orientalen (die Japaner mit eingeschlossen) und verstümmelte Hirne wie die der Krawatten- und Tapetenmusterzeichner bringen auch noch heute ein neues, dem alten Ornament gleich wertvolles hervor.

Das Unvermögen unserer Kultur, ein neues Ornament zu schaffen, bedeutet ihre Größe. Evolution der Menschheit geht Hand in Hand mit dem Entfernen des Ornamentes aus dem Gebrauchsgegenstande. Mögen unsere angewandten Künstler – aus Selbsterhaltungstrieb – einwenden, was sie wollen: Für den kultivierten Menschen ist ein nichttätowiertes Antlitz schöner als ein tätowiertes und wenn die Tätowierung von

Kolo Moser selbst herrühren wollte. Und der Kulturmensch will nicht nur seine Haut, sondern auch seine Bucheinbände oder sein Nachtschränkchen von der indianischen Verzierungswut der staatlich angestellten Kulturbarbaren geschützt wissen.

Das Ornament, das nicht organisch der menschlichen Seele entspringt wie beim alten Meister oder beim neuen Orientalen, ist wertlos. Wertlos, verlorene Arbeit, verschwendetes Material. Und diese Wertlosigkeit steigert sich von Tag zu Tag. Gebrauchsgegenstände, die noch vor fünf Jahren dem Käufer wertvoll erschienen, können heute kaum den zehnten Teil ihres Erstehungspreises im Dorotheum erzielen. Man täusche sich nicht: Auch den Gegenständen, die nach der heutigen unkultivierten, daher unzeitgemäßen, also unmodernen Richtung erzeugt werden, blüht in einigen Jahren dasselbe Schicksal.

Wir sollten trachten, bleibende Werte zu schaffen. Mir ist es nicht gegönnt, meine Lehre in die Herzen der kommenden Jugend zu verpflanzen. Mir ist es, da ich keiner Kunstclique angehöre, nicht gegönnt, in Ausstellungen mitzuwirken. Und so lade ich alle, die sich dafür interessieren, wie man eine Wohnung von bleibendem Wert einzurichten hat, ein, einen Gang durch eine Zahl von Wohnungen anzutreten, die unter meiner Anleitung geschaffen wurden.

Die Leute, die da sagen, wir sollten wieder zu den alten Stilen zurückkehren, haben Recht, so lange sie die Erzeugnisse der Ornamentierschulen für modern halten. Aber die wirkliche, moderne Richtung in der Tischlerei wird sie vielleicht eines Besseren belehren. Durch diese Wanderungen will ich den Rückfall zur alten Stilmeierei aufhalten, der schon weite Kreise ergriffen hat. Den Vorwurf der Reklame für mich selbst werde ich auf mich nehmen müssen. Vielleicht kann ich diesen Vorwurf entkräften, wenn ich daran erinnere, daß die Wohnungen, bei denen ich mithalf, nie in Kunstzeitungen veröffentlicht waren, und daß ich nie gegackert habe, wenn ich ein Ei gelegt habe.

Um die Bewohner, die in so selbstloser Weise ihre Wohnungen den Besuchern zur Verfügung stellen, vor zudringlichen und zu zahlreichen Wanderern zu schützen, ist für die beiden Wandertage eine Taxe von 20 Kronen festgesetzt. Karten sind bei Goldman & Salatsch am Graben und in dem neuen Stadtgeschäft der Kunstblumenfabrik Steiner in der Kärntnerstraße zu haben. Jede Karte gilt für zwei Personen. Das Geld wird jenem wohltätigen Zwecke zugeführt, den der Käufer bezeichnet.

Ich rechne vor allem damit, daß diejenigen sich an den Wanderungen beteiligen werden, die berufen sind, uns Wohnungen zu schaffen. Das sind unsere Tischler,

Tapezierer und Dekorateure. Aber eine Berufsklasse ist ausgeschlossen: Das sind die Architekten!

Man glaube nicht, daß ich die Kopisten unter ihnen fürchte. Im Gegenteil: Ich wäre glücklich, wenn jeder Architekt in meinem Sinne schaffen würde. Aber sie werden es nicht tun. Sie werden mich nur mißverstehen. Wie sie mich mit dem Café »Museum« mißverstanden haben. Seit der Eröffnung dieses Kaffeehauses sehen alle Wohnungen so kahl wie ein Kaffeehaus aus. Früher – es war die Zeit der grün-, rot-, violett- und graugebeizten Hölzer, die Zeit, wo jedes Möbel in einen Kreis gepreßt wurde oder große, aus Latten gebildete Kreise sich im Räume spannten (ich erinnere nur daran, daß die Apollokerzenniederlage von Josef Hoffmann am Hof und das Café »Museum« um die gleiche Zeit entstanden) – war wenigstens etwas zu spüren, was man meinetwegen »angewandte Kunst« nennen konnte. Aber seitdem müssen unsere Kanalgitter herhalten, den Dekor für Blumenvasen und Fruchtschalen zu liefern. So war das nicht gemeint. Wäre damals das Café »Museum« nicht entstanden, so wäre die ganze Dekorationsrichtung von Olbrich, Van der Velde, Hoffmann am Ornamentismus zusammengebrochen. Das Kaffeehaus hat ihnen neue, aber falsche Wege gewiesen. Ich will sie nicht wieder auf einen falschen Weg bringen. Die Kultur hat ein Anrecht darauf, endlich von den Experimentatoren Ruhe zu haben. Wie ich es aber gemeint habe, davon mögen sich recht viele Menschen überzeugen.

ERSTER TAG

I. Graben, Ecke Naglergasse, Geschäftseinrichtung Goldman & Salatsch.

Durch das Lokal ging eine Gurte, es in zwei Hälften teilend. Die Gurte wurde mit Riesenlaternen in Messing und geschliffenem Glas verkleidet, Schlangenholz. Spritzwurf.

I. Naglergasse 1, III. Stock, Speisezimmer des Hrn. A.

(Kein Aufzug, Eingang durch das Lokal Goldman & Salatsch.) Braungebeiztes, politiertes Eichenholz, Kamin verde antico, Griechenland.

I. Kärntnerstraße 33, Geschäftslokal Sigmund Steiner.

Das Portal in Messing und Skyrosmarmor (Griechenland). Größte gebogene Scheiben in Wien. Innen: Ein eingemauerter Spiegel läßt den kleinen Laden doppelt so groß erscheinen. Um die Täuschung zu vervollständigen, erhielt der Plafond Balkeneinteilung und die Mauer unter dem Spiegel einen Vorhang. Ostindisches Satinholz.

I. Falkestraße 6 (beim Stubentor) Musikzimmer des Hrn. W., II. Stock (Aufzug).

Das Vorzimmer mit Verwendung alter Möbel in weißem Lack. Das Musikzimmer soll das Spielen eines Quartetts ermöglichen und möglichst vielen Zuhörern Sitzgelegenheit bieten. Daher sind Bänke über das Fenster und die Vorzimmertüre gezogen. Die Familie zählt zum Freundeskreise William Ungers, dessen Galeriewerk teilweise in die Wandverkleidung eingelassen ist. Original Japantapete, Mahagoniholz. Ein Tischchen mit Münzen von Frl. Unger (Hoffmannschule).

IV. Wohllebengasse 19, Ecke Alleegasse, I. Stock, Wohnung des Hrn. T. (Kein Aufzug).

Vorzimmer nicht von mir. Herrenzimmer in Mahagoni, mit Verwendung bestehender Möbel. Speisezimmer mit schiefer Feuermauer. Daher die vielen Ecken des Büffets, die die schiefe Mauer mit Hilfe optischer Täuschung verschwinden machen. Daher der ovale Tisch. Familie hatte viel altes Silber und Porzellan. Daher die vielen Büffets. Kirschholz. Schlafzimmer der Frau in Ahorn.

IV. Schleifmühlgasse 2, Paulanerhof, IV. Stock (Aufzug).

Speisezimmer des Hrn W. in dunkel gebeizter Erle. Verwendung einer alten Kommode aus der Maria Theresiazeit.

I. Opernring 13, II. Stock, Speisezimmer des Hrn. L. (Kein Aufzug).

War ursprünglich Zimmer und Kabinett. Der Traverse wegen wurde ein Stück Scheidemauer übrig gelassen. Die Traverse mit Mahagoni verkleidet und der Symmetrie halber diese Verkleidung wiederholt, so daß eine Balkendecke entstand. Mahagoniwände mit 60 cm breiten und 240 cm hohen Pyramidenflader (eine Rarität). Sessel in Schweinsleder. Fensterverkleidung in Pavonazzo forno (italienischer Marmor). Neue Schiebefenster mit Teneriffaspitzenstores. Der Vorhang alter Bozener Bauernstoff (Seide).

I. Elisabethstraße 15, IV. Stock, Herrenzimmer des Hrn. S.

Zimmer mit schiefem Kabinett, wurde vereinigt. Besitzer ist Amateurphotograph. Dunkelkammer. Der Kamin macht durch seine Form die schiefe Feuermauer verschwinden. Handgedruckte, englische

Tapete. Naturfarbenes Eichenholz (wie bei Bureaueinrichtungen). Trotzdem paßt das alte schwarze Pianino ganz gut dazu. Schlafzimmer in Ahorn.

I. Nibelungengasse 13, I. Stock, Wohnung des Hrn. K. (Kein Aufzug).

Eine Übersiedlung mit Portois & Fix-Möbeln. Viel Umbau, um die Wohnung zu verbessern. Vergrößerung der Stiegenhausfenster. (Man beachte die ursprünglichen im I. Stock.) Zugang durch einen Teil des Bades nach dem neuen Vorzimmer und dem Speisezimmer. Neu: Vorzimmer in weißem Lack mit gelbem Spritzwurf. Annex zum Speisezimmer, halb Kaminplatz, halb Wintergarten. Skyrosmarmor, Donatello-Fries.

ZWEITER TAG

VIII. Wickenburggasse 24, Mezzanin, Wohnung des Dr. T.

Speisezimmer Kirsche, Ordinationszimmer Mahagoni, Schlafzimmer in Battist rayée (Damenblusenstoff). Nach dem in der »Kunst« erschienenen Schlafzimmer meiner Frau.

IX. Alserstraße 22, I. Stock, Wohnung des Dr. Seh. (Kein Aufzug).

Vorzimmer weißer Lack, Speisezimmer braungebeiztes Eichenholz, japanische Tapete: grass cloth (aus Grass gewoben), Sitzzimmer weißer Lack, alter Kamin.

IX. Alserstraße 53, II. Stock, Wohnung des Dr. H. (Kein Aufzug).

Speisezimmer. Soll auch als Besuchszimmer verwendet werden. Häßlicher Ofen mit großer Uhr verbaut. Als Blumenständer altitalienischer Trog. (Abguß.) Dunkel gebeizte Eiche. Arbeitszimmer unfertig, zum Vergrößern eingerichtet. Schlafzimmer in Ahorn.

VIII. Josefstädterstraße 68, im Hofe.
Beim Eingang nach dem Hofe auf den Knopf der Türklinke drücken.

Speisezimmer des Frl. Ella Hofer, früher Volkstheater, jetzt New-York. Ursprüngliches Haus des kais. Rates Hanusch. Das Zimmer außer jedem Verhältnis, Plafond mittelst Balkenplafond tiefer gelegt. Das schiefe Kabinett dazugeschlagen. Kamin aus Polcevere mit Donatelloabgüssen, weißer Lack und Kirschholz, grüner Spritzwurf. An Stelle des großen Fensters ursprünglich 2 gewöhnliche Fenster. Das Zimmer war durch den großen Fensterpfeiler ganz finster, da Loggia vorgebaut.

VIII. Josefstädterstraße 73, II. Stock, Wohnung des Dr. G., vis-a-vis der vorigen. (Aufzug).

Vorzimmer nicht von mir. Speisezimmer in weißem Lack und Mahagoni. Herrenzimmer: Es fehlt das Klavier; bietet ein gutes Beispiel für den Anfang meiner Wohnungen, da ich nur die Grundlinien angebe. Unfertig, da erst seit 14 Tagen bezogen.

I. Bellaria 4, I. Stock, Wohnung des Hrn. F. (Aufzug).

(Erster Bau von Otto Wagner). Herr ist Cellospieler und sammelt Bucheinbände. Frau Bildhauerin.

Speisezimmer: Der Architekt brachte hier aus seiner Berliner Studienzeit ein Berlinerzimmer zur Anwendung. Ist vom Hofe nur einseitig beleuchtet, daher nur abends verwendbar. Wände, Büffets und Kamin aus Pavonazzo (Italien), Japantapete. Sessel, Kopien der berühmten chippendalischen Ribbandchairs (Mahagoni). Wandbrunnen, pompejanische Schlange (von der Hochzeitsreise). Musikzimmer Kirschholz, Kamin vert-vert (Belgien). Herrenzimmer Mahagoni. Kamin Tiroler Onyx.

Sämtliche Speisesessel nach Originalen des österreichischen Museums.

Sämtliche übrige Sitzmöbel nach englischen Originalen von F. O. Schmidt.

Der Elefantenrüsseltisch ist aus der Werkstätte F. O. Schmidt nach Angaben des Herrn Max Schmidt (Ausführung und Detaillierung Werkmeister Berka) hervorgegangen. Kacheln darauf von Bigot, Paris.

Alle übrigen modernen Möbel und Beleuchtungskörper von mir. Die Wohnungen verteilen sich auf die letzten 8 Jahre.

Den Besitzern der Wohnungen sage ich für ihr Entgegenkommen meinen Dank.

Ausführungen von Wohnungen werden nur von solchen Bestellern entgegengenommen, die das tiefste Bedürfnis dazu treibt. Snobs sind ausgeschlossen. Die Zimmer werden nicht in den Kunstzeitungen publiziert und Wanderungen nicht mehr veranstaltet.

Die Überflüssigen

Nun haben sie sich doch zusammengefunden und haben in München getagt. Sie haben wieder unserer Industrie und unseren Handwerkern erzählt, wie wichtig sie sind. Um ihre Existenzberechtigung zu rechtfertigen, erzählten sie anfangs, es war vor zehn Jahren, daß sie Kunst in das Handwerk bringen müßten. Das konnte der Handwerker nämlich nicht. Dazu war er viel zu modern. Dem modernen Menschen ist die Kunst die hohe Göttin, und er empfindet es als ein Attentat auf die Kunst, wenn man sie für Gebrauchsgegenstände prostituiert.

Aber das empfanden die Konsumenten auch. Der Angriff dieser Kulturlosen auf unsere moderne Kultur schien abgeschlagen zu werden. Die Tintenfässer (Felsenriff mit zwei Nymphen), die Leuchter (ein Mädchen hält einen Krug, drin steckt die Kerze), die Möbel (die Nachtkästchen sind kleine Trommeln, das Büfett eine große Trommel, um die in Laubsägearbeit ein Eichenbaum seine Äste spannt) blieben unverkauft. Und wenn man sie kaufte, schämte man sich zwei Jahre darauf ihres Besitzes. Mit der Kunst war es also nichts. Aber man war einmal da und mußte doch leben. Da verfiel man auf den Ausweg, der Kultur auf die Beine helfen zu müssen. Es scheint auch nicht zu gehen. Eine gemeinsame Kultur – und es gibt eine solche – schafft gemeinsame Formen. Und die Formen der Möbel von Van de Velde weichen ganz erheblich von den Möbeln Joseph Hoffmanns ab. Für welche Kultur sollte sich nun der Deutsche entscheiden? Für die Kultur Hoffmanns oder Van de Veldes? Für die Riemerschmieds oder Joseph Olbrichs?

Ich glaube, mit der Kultur ist es auch nichts. Denn schon wurden Stimmen laut, die ausgiebige Beschäftigung der angewandten Künstler sei eine nationalökonomische Frage für den Staat und den Produzenten. Das wurde den Fabrikanten drei Tage lang wiederholt.

Ich aber frage: Brauchen wir den angewandten Künstler?

Nein.

Alle Gewerbe, die bisher diese überflüssigen Existenzen aus ihrer Werkstatt fernzuhalten wußten, sind auf der Höhe ihres Könnens. Nur die Erzeugnisse dieser Gewerbe repräsentieren den Stil unserer Zeit. Sie sind so im Stile unserer Zeit, daß wir sie – das einzige Kriterium – gar nicht als Stil empfinden. Sie sind mit unserem Denken und Empfinden verwachsen. Unser Wagenbau, unsere Gläser, unsere optischen Instrumente, unsere Schirme und Stöcke, unsere Koffer und Sattlerwaren, unsere silbernen Zigarettentaschen und Schmuckstücke, unsere Juwelenarbeiten und Kleider sind modern. Sie sind es, weil noch kein Unberufener sich als Vormund in diesen Werkstätten aufzuspielen versuchte.

Gewiß, die kultivierten Erzeugnisse unserer Zeit haben mit Kunst keinen Zusammenhang. Die barbarischen Zeiten, in denen Kunstwerke mit Gebrauchsgegenständen verquickt wurden, sind endgültig vorbei. Zum Heile der Kunst. Denn dem neunzehnten Jahrhundert wird einmal ein großes Kapitel in der Geschichte der Menschheit gewidmet werden: die Großtat, die reinliche Scheidung von Kunst und Gewerbe herbeigeführt zu haben.

Die Verzierung des Gebrauchsgegenstandes ist der Anfang der Kunst. Der Papuaneger bedeckt seinen ganzen Hausrat mit Ornamenten. Die Geschichte der Menschheit zeigt uns, wie sich die Kunst aus der Profanierung dadurch zu befreien suchte, daß sie sich von dem Gebrauchsgegenstande, dem gewerblichen Erzeugnisse emanzipierte. Der Trinker des siebzehnten Jahrhunderts konnte noch ruhig aus einem Kruge trinken, in dem die Amazonenschlacht geschnitzt war, der Esser hatte die Nerven, sein Fleisch auf einem Raube der Proserpina zu schneiden. Wir können das nicht. Wir. Wir, die modernen Menschen.

Sind wir dadurch Feinde der Kunst, weil wir sie vom Handwerk trennen wollen? Mögen die unmodernen Künstler darüber jammern, daß man ihrer Mithilfe bei der Schuhfabrikation nicht bedarf, während doch – mit Tränen im Auge gedenkt man der vergangenen Zeiten – Albrecht Dürer noch Schuhschnitte anfertigen durfte. Aber der moderne Mensch, der glücklich ist, heute und nicht im sechzehnten Jahrhundert zu leben, empfindet einen solchen Mißbrauch von Künstlertum als Barbarei.

Zum Heile unseres Geisteslebens. Denn die Kritik der reinen Vernunft konnte nicht von einem Manne geschaffen werden, der fünf Straußenfedern am Barett trägt, die »Neunte« stammte nicht von einem, der ein tellergroßes Rad um den Hals trug und das Sterbezimmer Goethes ist herrlicher als die Schusterstube Hans Sachs', mag dort auch jedes Stück von Dürer gezeichnet sein.

Das achtzehnte Jahrhundert hat die Wissenschaft von der Kunst befreit. Vorher zeichnete man anatomische Atlanten, die in Kupferstich säuberlich zeigten, wie die Götter Griechenlands ohne Bauchhaut aussehen, und der Mediceischen hingen die Gedärme heraus. Und heute noch wird den bayerischen Hiaseln auf Jahrmärkten an der »anatomischen Venus« Wissenschaft beigebracht.

Wir brauchen eine Tischlerkultur. Würden die angewandten Künstler wieder Bilder malen oder Straßen kehren, hätten wir sie.

Wohnen lernen!

Die neue Bewegung, die alle Bewohner dieser Stadt wie ein Fieber befallen hat, die Siedlungsbewegung, verlangt neue Menschen. Menschen, die wie Leberecht Migge, der große Gärtner, so richtig sagt, moderne Nerven besitzen.

Wir haben es leicht, den Menschen mit den modernen Nerven zu schildern. Wir brauchen unsere Phantasie nicht anzustrengen. Sie leben schon fix und fertig, allerdings nicht in Österreich, sondern etwas weiter westlich. Die Nerven, die die Amerikaner heute besitzen, werden unsre Nachkommen erst erhalten.

Im Amerikaner ist der Städter und der Bauer nicht so scharf getrennt wie bei uns. Jeder Bauer ist ein halber Städter, jeder Städter ein halber Bauer. Der amerikanische Stadtmensch hat sich von der Natur nicht so weit entfernt wie sein europäischer Kollege oder, besser gesagt, wie sein kontinentaler Kollege. Denn auch der Engländer ist ein rechter Bauer.

Beide, Engländer und Amerikaner, empfinden das Wohnen mit anderen Leuten unter einem Dache als unerquicklichen Zustand. Jeder, arm oder reich, strebt nach seinem eigenen Heim. Und wenn es nur ein Cottage, eine verfallene Hütte mit tief herabhängendem Strohdach, wäre. Und in der Stadt spielen sie

Theater und bauen Zinshäuser, deren Einzelwohnungen in zwei Stockwerken angeordnet sind, die durch eine eigene Holztreppe verbunden sind. Übereinander gestülpte Cottages.

Und da komme ich zum ersten Programmpunkte meiner Ausführungen. Der Mensch im Eigenheim wohnt in zwei Stockwerken. Er trennt sein Leben scharf in zwei Teile. In das Leben bei Tage und das in der Nacht. In Wohnen und Schlafen. Man darf sich das Leben in zwei Stockwerken nicht unbequem vorstellen. Schlafzimmer nach unserem Begriff gibt es allerdings nicht. Dazu sind sie zu klein und unwohnlich. Das einzige Möbel ist das weißlackierte Eisen- oder Messingbett. Schon ein Nachtkästchen wird man vergeblich suchen. Und Kästen gibt's schon gar nicht. Das oder besser der »closet«, der Wandschrank, wörtlich der Verschluß, tritt an Stelle der Schränke. Diese Schlafräume dienen wirklich nur zum Schlafen. Sie sind leicht aufzuräumen. Aber eines haben sie unserm Schlafzimmer voraus, sie haben nur eine Eingangstür und können niemals als Durchgangszimmer benützt werden. Des Morgens kommen alle Familienmitglieder zu gleicher Zeit herunter. Auch das Baby wird herunter gebracht und bleibt nun tagsüber bei der Mutter in den Wohnräumen.

In jeder Familie gibt es einen Tisch, um den sich die ganze Familie zur Mahlzeit versammeln kann.

Also wie bei den Bauern. Denn in Wien können das nur 20 Prozent dieser Stadt tun. Wie machen's die übrigen 80 Prozent? Nun, einer sitzt beim Herd, einer hält einen Topf in der Hand, drei bei Tisch, die übrigen okkupieren die Fensterbretter.

Und nun soll jede Familie, die ein eigenes Heim bekommt, einen Tisch erhalten, der sich wie der Tisch des Bauern in der Wohnzimmerecke befindet. Wie bei den Bauern. Das wird eine schöne Revolution geben! Man hört Stimmen für und wider. »Na, na, dös tun mer not! Dös hab' ich bei den Bauern in Ober-Österreich gesehen. Dort sitz'n s' um an Tisch und essen alle aus derselben Schüssel. A na, wir san so was not g'wöhnt. Wir essen einzeln.« Und ein vorsorgender Vater meinte: »Was, um an Tisch? Daß sich meine Kinder das Wirtshausgehen angewöhnen!«

Und wenn ich das erzähle, so lachen die Leute. Aber ich weine innerlich.

Des Tisches wegen werden wir uns nicht streiten. Man wird schon bald dahinter kommen, daß das gemeinschaftliche Frühstück Geld erspart. Das Wiener Frühstück – einen Schluck Kaffee stehend am Herd und das Stück Brot, das zur Hälfte auf der Treppe, zur anderen Hälfte auf der Straße verzehrt wird –, verlangt um zehn Uhr ein Gulasch, also einen Magenbetrug, und da das Gulasch schön papriziert ist, ein Krügel Bier. Diese Mahlzeit, die der Engländer und Amerikaner nicht einmal dem Namen nach kennt, heißt bei uns Gabelfrühstück, offenbar deshalb, weil dabei nur das Messer in Aktion tritt. Man soll zwar nicht mit dem Messer essen – »aber womit essen S' denn nacher die Soß?!«

Dieses zweite Frühstück sei dem Hausvater gegönnt, so lange er sich mit dem Schluck schwarzen Kaffee zu Hause begnügen muß. Aber seine Frau wird bald dahinter kommen, daß um dieses Geld die ganze Familie einen herrlichen amerikanischen Frühstückstisch erhalten kann, so sättigend, daß man bis mittag nichts essen kann. In der amerikanischen Familie ist das Frühstück die schönste Mahlzeit. Alles ist durch den Schlaf erfrischt, das Zimmer behaglich, frisch durchlüftet und warm. Der ganze Tisch ist mit Speisen besetzt. Zuerst ißt jeder einen Apfel. Und dann teilt die Mutter das *oatmeal* aus, diese herrliche Speise, der Amerika seine energischen Menschen, seine Größe und seine Wohlfahrt verdankt. Die Wiener werden allerdings lange Gesichter machen, wenn ich ihnen verrate, daß *oat* – Hafer und *meal* – Speise bedeutet. Aber wir werden in Lainz den Ausflüglern die Hafergrütze nach amerikanischer Art zubereitet vorsetzen und hoffen, ganz Wien zu Haferessern zu bekehren. Was nützen uns die mit Hafer gefütterten schönen Pferde, auf die wir so stolz sind! Auch die Menschen sollten bei uns »trockene« Köpfe, ausdrucksvolle Gesichter bekommen.

Ob arm oder reich, Bauer oder Milliardär, die Hafergrütze fehlt in Amerika auf keinem Frühstückstisch. Alles übrige, der billige Fisch oder das teure Kalbskotelett, richtet sich nach den Verhältnissen. Natürlich gibt es Tee und Brot, das merkwürdigerweise auch zu Mittag und Abend serviert wird.

Das Mittagessen ist eine sehr einfache Sache. Der Vater ist nicht zu Hause, die Mutter hatte den ganzen Vormittag zu tun, um das Haus in Ordnung zu bringen. Denn einen Dienstboten hat die Hausfrau nicht. Und dieses Fehlen des dienstbaren Geistes hat es mir sich gebracht, daß die Speisen im Wohnraum zubereitet werden. Denn die Frau des Hauses hat ein Anrecht darauf, ihre Zeit nicht in der Küche, sondern im Wohnzimmer zu verbringen.

Diese Anordnung aber bedingt eine Zweiteilung des Kochens. Diese Arbeit zerfällt in zwei scharf getrennte Teile. Der eine Teil ist die Arbeit beim Feuer, die Arbeit am Herde. Der andre Teil ist die Vorarbeit und die Reinigung des Geschirres. Der erste Teil wird im Wohnzimmer, wo sich der Herd befindet, absolviert. Dazu ist allerdings notwendig, daß der Herd sich dem Blick des Bewohners so viel als möglich verbirgt.

Was ist nicht alles in Amerika erfunden worden,

um dieses Problem zu lösen! Erst neulich sah ich in einem Blatte eine Photographie, vielmehr zwei Photographien. Das eine Bild zeigte einen Herd, der in einer Wandnische untergebracht war, das zweite einen Schreibtisch. Es war dieselbe Nische in der Wand: ein Druck auf einen Knopf und wie bei einem Tabernakel dreht sich, je nach Bedarf, durch elektrischen Strom getrieben das Werk um.

Aber eine solche Anordnung verlangt mehr, als die Technik hervorbringen kann. Sie verlangt Menschen, die sich vor dem Kochen nicht fürchten. Wir, die wir alle ein gelindes Grauen vor dem Kochen empfinden, ein Gefühl, das Bauern, Engländer und Amerikaner nicht besitzen, wundern uns, daß diesen Exoten in den Hotels Speiseräume geboten werden, in denen vor den speisenden Gästen gekocht wird. Rostraum hieß dieser Raum während des Krieges, *Grillroom* heißt er jetzt wieder. Aber der einfache Siedler wird ihn Wohnküche oder Kochzimmer nennen und wird es so nobel haben wie ein englischer Lord. Oder so ordinär wie ein österreichischer Bauer.

Wer siedeln will, muß umlernen. Das städtische Zinshauswohnen müssen wir vergessen. Wenn wir aufs Land wollen, müssen wir beim Bauern in die Schule gehen und sehen, wie er's macht. Wir müssen wohnen lernen.

Die Einrichtung der modernen Wohnung

Liebe Freunde, ich will euch ein Geheimnis verraten:

Es gibt keine modernen Möbel!

Oder um präziser zu sein: Nur die Möbel, die mobil sind, können modern sein. Alle anderen »Möbel«, die fix an der Wand stehen, also nicht mobil sind, also auch keine richtigen Möbel sind, wie Truhe und Schrank, Glaskasten und Büfett, gibt es heute überhaupt nicht mehr.

Man wußte das nicht. Und daraus entstanden alle Fehler. Man sagte sich, daß doch Schränke und Büfetts zu jeder Zeit modern gemacht wurden, zeitgemäß erdacht wurden und wir nur die Aufgabe hätten, diese Dinge wieder zeitgemäß zu schaffen. Das war ein Denkfehler. Denn da es heute überhaupt keine Schränke gibt, kann man keine modernen schaffen. Diese Möbel sind Aufbewahrungsmöbel. Im Büfett wurde das Porzellan, im Schrank die Kleider aufbewahrt. Die Aufbewahrungsmöbel waren das Zeichen von vornehmer Lebensführung. Der Reichtum der Familie wurde durch Truhen und Kasten dem Besucher unter die Nase gerieben. So ein Büfett beherbergte den ganzen Glas-, Porzellan- und

Silbervorrat der Bewohner. Es war herrlich! Ein Hochaltar prangte an bester Stelle des Speisezimmers und im Allerheiligsten, im Tabernakel, standen die Schnapsgläser. Ich sagte meinen Schülern immer: Je ordinärer die Familie, desto reicher und größer das Büfett. Bei Kaisern gibt's überhaupt keins!

Die unmoderne Hausfrau fragt dann ängstlich, wo sie alle diese Dinge hintun solle. Aber auf dem Wege von der Küche zum Speisezimmer gibt es eine Menge leerer Wandflächen, Fensterparapete und Nischen, die mit weichen Holztüren abgeschlossen, eine viel praktischere Möglichkeit der Aufbewahrung für Glas und Porzellan ergeben als das tiefe Büfett. Gläser und Teller sollen nicht hintereinander aufbewahrt werden.

Aber noch unmoderner ist die Aufbewahrung unserer Kleider in Schränken, die als Prunk- und Prachtstücke im Zimmer Verwendung finden. Man bedenke: Ein Schrank ist doch nichts anderes wie ein Etui für ein wertvolles Schmuckstück. Nun vergegenwärtige man sich die Dissonanz, die zwischen dem Aufbewahrungsort – dem Schrank – und unseren modernen Kleidern besteht. Der Schrank ist geschnitzt und intarsiert, die Kleider sind einfach. Zwischen dem Armoire des französischen Höflings und seinen Kleidungsstücken mit Brillantknöpfen bestand doch eine Verwandtschaft. Und es gehörte zum Geist der Zeit, mit Kasten und Schränken zu prunken und durch den Reichtum des Schrankes auf den kostbaren Inhalt schließen zu lassen. Aber Hand aufs Herz, meine Freunde, empfindet ihr nicht ein solches Gebaren für den Menschen von heute als eine Schamlosigkeit?!

Auch die Architekten, ich meine die modernen Architekten, sollten Menschen von heute sein, also moderne Menschen. Wären sie es, so gäbe es keine angewandte Kunst, keine Kunst im Dienste des Kaufmannes. Es ist ein Mißverständnis. Weil Dürer Kleider und Schuhe und Holbein Schmuck entworfen haben, glauben die Künstler von heute, dasselbe tun zu müssen. Aber der moderne Mensch besteht darin, daß er weiß, daß man dies dem Schuster und Schneider, dem Edelsteinfasser und Perlenhändler überläßt.

Und die mobilen Möbel überlasse man dem Tischler und Tapezierer. Die machen herrliche Möbel. Moderne Möbel, Möbel, die so modern sind wie unsere Schuhe und unsere Kleider, wie unsere Lederkoffer und unsere Automobile. Ach, man kann freilich nicht mit seiner Hose protzen und sagen: Die ist aus dem Weimarer Bauhaus.

Die unmodernen Menschen unter uns sind in einer verschwindenden Minderzahl. Sie sind zumeist

Architekten. Auf Kunstgewerbeschulen werden sie künstlich gezüchtet. Es ist zwar ein komisches Beginnen, in den Tagen von heute Menschen auf ein Niveau von vergangenen Zeiten zu bringen. Aber man lache nicht darüber. Es hat viel Unheil zur Folge gehabt.

Was kann der moderne Architekt tun?

Er hat Häuser zu bauen, wo alle diese »Möbel«, die nicht mobil sind, die es, wie ich behaupte, heute gar nicht gibt, in den Wänden verschwinden. Gleichviel, ob er neu baut oder nur einrichtet.

Wären die Architekten immer moderne Menschen gewesen, so wären alle Häuser mit Wandschränken versehen. Der englische Wandschrank ist schon Jahrhunderte alt. Frankreich baute seine bürgerlichen Häuser bis in die Siebzigerjahre mit Wandschränken. Aber die falsche Neubelebung der Schrankarchitektur hat diese moderne Errungenschaft verkümmern lassen und heute baut man selbst in Paris nur Häuser ohne Wandschränke.

Das Messingbett, das Eisenbett, Tisch und Stühle, Polstersessel und Gelegenheitssitze, Schreibtisch und Rauchtischchen, alles Dinge, die von unseren Handwerkern – nie von Architekten – modern erzeugt werden, möge sich der Bewohner nach Wunsch, Geschmack und Neigung selbst besorgen. Alles paßt zu allem, weil alle modern sind (so wie meine Schuhe zu meinem Anzug, zu meinem Hute, meiner Krawatte und zu meinem Schirm passen, obwohl sich die betreffenden Handwerker gar nicht kennen).

Aber die Wände gehören dem Architekten.

Hier kann er frei schalten. Und zu den Wänden die Möbel, die nicht mobil sind. Sie dürfen nicht als Möbel wirken. Sie sind Teile der Wand und führen nicht das Eigenleben der unmodernen Prunkschränke.

Möbel und Menschen

Als ich als kleiner Knabe zum ersten Male das Österreichische Museum – so heißt in Wien das Kunstgewerbemuseum – betrat, fielen mir vor allem anderen zwei mächtige Holztafeln auf. Sie, die noch als Mann auf mich den nachhaltigsten Eindruck machten, waren so zusammengefügt, daß Farbe und Fladern der verschiedenen Hölzer ein historisches Gemälde ergeben. Die Figuren waren in Lebensgröße und die Tafeln maßen je 360 cm in der Höhe und 373 bzw. 376 cm in der Breite. Woher ich das weiß? Ich entnehme die Daten dem bibliographischen Werk von Hans Huth: *»Abraham und David Roentgen und ihre Neuwieder Möbelwerkstatt«* (Jahresgabe des Deutschen Vereins für Kunstwissenschaft). Mit 2 Abb. und 120 Tafeln (X. 77 S. Nur für Mitglieder.) Es ist der Werkstätte gewidmet, aus der jene hölzernen »Tapisserien« hervorgegangen sind.

Dieses Buch macht uns nicht nur mit dem Leben und dem Werk des »größten Ebenisten des Jahrhunderts« – so nennt der Enzyklopädist Baron Grimm in einem Empfehlungsbrief an Katharina II. David Roentgen – bekannt, sondern wir lernen auch den Vater, Abraham, kennen und die Anfänge der Werkstätte. Dieser, ein Rheinländer, arbeitete in Holland und ließ sich dann in London nieder und darin lag das Entscheidende. In Huths Werke wird gezeigt, daß man, als die Werkstätte schon nach Neuwied bei Koblenz verlegt war, Stiche aus Chippendales Werk verwendete. Auch werden – wie Huth bemerkt – nach englischem Muster die Schubladen mit einem kleinen vorstehenden Wulst umrandet, was bei den deutschen Tischlern nicht üblich war.

Ich bin glücklich, dies Buch in Händen zu haben. David Roentgen ist immer als Idol neben meinem Leben hergegangen, obwohl ich nicht mehr von ihm wußte, als daß er gelebt und der großen Katharina einen Schreibtisch um 20.000 Taler verkauft hatte, den sie so exorbitant billig fand, daß sie den Kaufpreis erhöhte. Wohl niemand hat diese Geschichte so häufig und nachdrücklich erzählt wie ich; denn ich bin überzeugt, daß sich das Handwerk durch solche Anerkennung zur vollsten Blüte entfaltet. Aber die Katharinen scheinen ausgestorben zu sein.

Dabei war der Schreibtisch schon fertig, er hätte nicht nach vorhergegangenem Preisdrücken schlechter ausfallen können. Aber der nächste wäre schlechter ausgefallen! Es ist selbstverständlich, daß die Erzeugnisse einer Werkstätte, wenn sie freiwillig überzahlt werden, immer besser und besser werden müssen. Darum aber gilt im Gewerbe der Grundsatz:

Die Werkstätte erzieht die Kundschaft. Aus dem Buche erfuhr ich, daß sich David Roentgen englischer Tischler – nein, *cabinetmaker* nannte. Folgende Reklame ist enthalten (S. 28):

David Roentgen, Englischer Cabinet-Macher in Neuwied a. Rh. Fabriciert und verkauft alle möglichen Sorten von Cabinets-Ameublements, sowohl nach dem englischen wie französischen Gout, nach der neuesten Art und Erfindung, als nämlich Schreibtische, Commoden, Toilettetische, Spieltische, Chatoullen, Arbeitstische und Tambourins, wohlfaconierte Stühle, Cannapees etc.

Und so weiter. Wo bleibt aber das wichtigste Möbel, nach dem sich die ganze Profession nennt? Wo bleibt der Schrein, der Schrank oder meinetwegen nach damaliger Form die Armoire, die Chiffonière? Der Schrank wird nicht angekündigt. Er wird von dem Autor trotz der reichhaltigen und trefflichen Bilderbeigabe nicht abgebildet. Wird diese Sorte verschwiegen? Nein, sie wurde nicht mehr erzeugt, sie war nicht mehr modern. Zur Zeit der Roentgenwerkstätte wurden die Kleider nicht mehr in mächtigen Schränken aufbewahrt, sondern in kleinen Gelassen, welche bei den Engländern closets = Verschluß genannt wurden. (Daher kommt closet = Wasserverschluß, was aber etwas ganz anderes ist.) Bei den Franzosen hieß das penderie, was bei den Deutschen Wandschrank heißt. Engländer und Franzosen halten an dieser Neuerung fest, die Deutschen haben die Kleideraufbewahrung wieder aus dem 17. Jahrhundert übernommen und dekorieren ihre Räume mit Kleiderschränken und das selbst dann, wenn sie bloß Einsiedegläser darin haben. Es liegt am Architekten, den Kleiderschrank abzuschaffen. Das moderne Bestreben in der Architektur in allen Ehren, aber was nützt es uns, wenn wir noch Gebrauchsgegenstände aus der Zeit der Lichtputzscheren benützen?

Im Gegenteil! Wir sind doch um mehr als hundert Jahre weiter! Aus der Liste Roentgens müßte man heute schon einiges streichen. Heute werden von Tischlern überhaupt nur »Möbel« erzeugt, also nur Mobiles zum Kaufe angeboten. Das Übrige gehört zum Haus, also dem Architekten. Der Nachfolger in der Wohnung übernimmt alles von seinem Vorgänger durch Kauf oder Miete. Mit Decken, Fußboden, Wänden und Schrankmöbeln (eingebauten Möbeln) im modernen Stil gibt sich heute jeder zufrieden. Aber der Architekt sollte dem Tischler nicht ins Handwerk pfuschen! Die Möbel, die noch vom Tischler herrühren, sind modern, die vom heutigen Architekten n i c h t. »Entwirft« der Architekt die Möbel, so fragt man sich: Werden alle diese Dinge zusammenpassen?

Natürlich nur dann, wenn sie m o d e r n sind. Das tun moderne Dinge immer. Schuhe, Socken, Kleider, Hemden, Lederkoffer. Vom Architekten dürften diese nicht sein. Denn er kann nicht wissen, was modern ist. – Aber zur Zeit David Roentgens gab es so moderne Menschen, wie heute nur unsere Ingenieure und unsere Schneider es sind. Menschen, die das Beste schaffen wollen, das ihnen erreichbar ist, ohne zu wissen, was modern ist. Denn das Wissen darum schließt die Modernität aus! Hier ist die scharfe Grenzscheide zwischen Menschen und Auchmenschen. Aber die Zeit sondert die Spreu vom Weizen und läßt einmal nur den Menschen gelten.

Mit den hölzernen Wandbildern ließ mich David Roentgen einen Blick in mein Jahrhundert werfen. Ich verstand ihn sofort: Nicht mehr um Möbel handelt es sich, sondern um Wände. Wir würden sagen: um eingebaute Möbel. Darauf beruht der starke Eindruck auf jeden unverdorbenen Menschen, also auf jedes Kind.

Jeder Mensch verläßt mit modernen Nerven den Mutterleib. Diese modernen Nerven in unmoderne zu verwandeln, nennt man Erziehung.

Der Zufall wollte es, daß ich in Amerika in eine Marqueterie-Manufaktur hineingeriet. Zuerst als Unterzeichner, dann als Schattierer vor dem heißen

Sandteller, dann als Parkettmacher (12 Furniere wurden immer geschnitten), dann als Einleger, als Säger. Der Gedanke an diese »Tapisserien« gab mir die Kraft, mein Handwerk lieb zu gewinnen, obwohl ich ein gelernter Maurer war, was ich für wichtiger halte, als am Polytechnikum studiert zu haben.

Möge sich aber jeder Leser dieses Handwerksbuches erinnern, daß es eine große Umwälzung in der Tischlerei war, an der David Roentgen teilgenommen hat: Sie liegt in dem Begriff der Qualität. Es ist ganz falsch, wenn behauptet wird, daß so gute Arbeit heute nicht geleistet werden kann. Das Gegenteil ist wahr. Solche Arbeit ist heute Gemeingut jeder Tischlerei. Und der verstorbene Wiener Künstlerhausmaler hat für das Handwerk auf alle Fälle recht, der gesagt hat: Wir alle möchten so malen wie der Raffael oder der Michelangelo, wenn es uns bezahlt werden würde.

Josef Veillich

Der alte Veillich ist gestorben. Gestern wurde er begraben.

Wer mich kennt, weiß, wen ich meine. Wer mein Kunde war, hat ihn gekannt. Sein Tod wird eine große Änderung in der menschlichen Wohnung zur Folge haben. Um das zu erklären, muß ich weit ausholen.

Man weiß, daß das ganze Kunstgetue im Wohnungswesen – in allen Landen – keinen Hund vom warmen Ofen lockt; daß der ganze Betrieb durch Bünde, Schulen, Professuren, Zeitschriften, Ausstellungen usw. usw. keine neue Anregung gegeben hat; daß die ganze Entwicklung im modernen Handwerk, soweit sie nicht durch Erfindung beeinflußt wurde, auf zwei Augen ruht. Und das sind die meinen. Das heißt, man weiß es nicht. Und ich warte nicht auf meine Nekrologe. Ich sage es gleich selber.

Ich bin mir bewußt, welche Empörung diese Zeilen, wenn sie zu meinen Lebzeiten in Druck gelangen sollten, zur Folge haben werden. Aber, lieber Leser, kannst du dich erinnern, welche Möbel und Wohnungseinrichtungen dir in den letzten Jahren zugemutet wurden? Ist nicht alles, was nur zehn Jahre alt geworden ist, ästhetisch vollkommen unmöglich geworden (du nennst es unmodern geworden) wie ein Damenhut? »Schaun Sie sich den Dreck an, den hab ich vor drei Jahren gemacht«, sagte der moderne Architekt und wurde wegen dieses Ausspruches als der große Mann gefeiert, der alle Jahre sich selbst zu überwinden weiß. Kein Handwerker wäre solcher Worte fähig. Mit einer solchen Lebensauffassung aber stempelt man sich zum Künstler.

Es wird erst anders werden, wenn die Menschen rein und klar zwischen Kunst und Handwerk unterscheiden werden, wenn die Hochstapler und Barbaren aus dem Tempel der Kunst vertrieben werden. Mit einem Wort, wenn meine Aufgabe erfüllt sein wird.

Man sieht, daß ein großer Weg zurückgelegt ist. Etappen: Aufgefordert im Jahre 1899 an einer Kunstgewerbe-Ausstellung der Secession mitzuwirken, antwortete ich: »Ich werde erst dann ausstellen, wenn Koffer vom Würzl und Kleider vom Frankl zur Ausstellung gelangen werden.« Empörung. Aber in Paris waren vor drei Jahren mitten unter den »Kunstgegenständen« Exzesse des Spieltriebes. (Nebenbei, die Wiener Sumperer huldigen ja auch dem Spieltrieb, das Neueste, auf das sich unsere angewandten Künstler ausreden, und spielen Tarock, aber keiner verlangt, daß die Menschheit ihm seine dafür angewandte Zeit bezahlt.) Also mitten unter diesen Exzessen der »Edelarbeit« waren Reisekoffer eines anständigen Lederindustriellen ausgestellt, die allerdings Veränderungen von der korrekten Form aufwiesen, wegen denen man sich vor jedem Hotelportier genieren müßte, aber – sonst wären sie nicht angenommen worden.

Im Jahre der Gründung der Wiener Werkstätte:

Ich sagte: Man kann euch ein gewisses Talent nicht absprechen, aber es liegt auf einem ganz anderen Gebiet, als ihr glaubt. Ihr habt die Phantasie des Damenschneiders. Macht Damenkleider. Empörung. Ein paar Jahre später wurde der Wiener Werkstätte eine Damenmode-Abteilung angegliedert, und diese allein wäre ein Unternehmen auf gesunder kaufmännischer Basis (welch Horror in den Ohren der Künstler) und nicht eine Sache der Gönner, wie man stolz verkündete.

Aber von diesem steten Überwinden aller dieser künstlerischen Individualität haben unsere Gebrauchsgegenstände gar nichts, und ihre Form fand keine V e r b e s s e r u n g e n. Nur darauf wartet die Menscheit. Ich habe mich von diesem Jahrmarkt der Eitelkeiten fern gehalten. Man wird sagen, die Trauben waren mir zu sauer, was ja wahr ist. Denn als ich es in Stuttgart versuchte, auch ein Haus ausstellen zu dürfen, wurde es mir rundweg abgeschlagen.* Ich hätte etwas auszustellen gehabt, nämlich die Lösung einer Einteilung der Wohnzimmer im Raum, nicht in der Fläche, wie es Stockwerk um Stockwerk bisher geschah. Ich hätte durch diese Erfindung der Menschheit viel Arbeit und Zeit in ihrer Entwicklung erspart.** Es gibt aber keine Entwicklung gelöster Dinge. Die bleiben in der gleichen Form durch Jahrhunderte, bis eine neue Erfindung sie außer Gebrauch setzt oder eine neue Kulturform sie gründlich verändert. Für Uneingeweihte, die den aggressiven Ton dieses Aufsatzes nicht verstehen: Der Unterschied zwischen mir und den anderen ist dieser: Ich behaupte, daß der Gebrauch die Kulturform, die Form des Gegenstandes schafft. Die anderen, daß die neugeschaffene Form die Kulturform (sitzen, wohnen, essen usw.) beeinflussen kann. Das Sitzen bei Tisch während des Essens, der Gebrauch des Bestecks usw. hat sich seit zwei Jahrhunderten nicht verändert. Genau so wie sich seit Jahrhunderten das Befestigen und Entfernen einer Holzschraube nicht verändert hat, wodurch wir keine Veränderung des Schraubenziehers zu verzeichnen haben. Seit 150 Jahren haben wir dasselbe Besteck. Seit 150 Jahren haben wir denselben Sessel. Und wenn sich alles um uns verändert hat: statt des gesandelten Bodens der Teppich, weil wir auf ihm sitzen; statt der reichen bildergeschmückten Decke die weiße glatte Fläche, weil wir unsere Bilder nicht am Plafond betrachten wollen; statt der Kerzen das elektrische Licht; statt der reichgetäfelten Wand das glatte Holz, besser noch Marmor – die Kopie des alten Sessels (jede handwerkliche Leistung ist Kopie aus vergangener Zeit, ob sie nun einen Monat oder ein Jahrhundert alt ist), sie paßt in jeden Raum wie der Perserteppich. Nur jeder Narr verlangt nach seiner eigenen Kappe.

Das Entwerfen eines neuen Speisezimmersessels empfand ich als eine Narretei, eine vollständig überflüssige Narretei, verbunden mit Zeitverlust und Aufwand. Der Speisesessel aus der Zeit um Chippendale herum war vollkommen. Er war die Lösung. Er konnte nicht übertroffen werden. Wie unsere Gabel, wie unser Säbel, wie unser Schraubenzieher. Leute, die nicht eine Schraube einziehen können, Leute, die nicht fechten können, haben es leicht, neue Schraubenzieher, neue Säbel und neue Gabeln zu entwerfen. Sie machen es mit Hilfe ihrer, sie nennen es Künstler-Phantasie. Aber mein Sattlermeister sagt dem Künstler, der ihm einen Entwurf zu einem neuen Sattel bringt: »Lieber Herr Professor, wenn ich so wenig vom Pferd, vom Reiten, von der Arbeit und vom Leder verstehen würde wie Sie, hätte ich auch Ihre Phantasie.«

Der Chippendale-Sessel ist so vollkommen, daß er in jeden Raum, der n a c h Chippendale entstanden ist, also auch in jeden Raum von heute hineinpaßt.

Allerdings kann ihn nur der Sessel tischler erzeugen. Nicht der Tischler. Aber die neuen Sessel sind vom Tischler erzeugt. Beide erzeugen Dinge aus Holz. Der Koffermacher und der Sattler, beide erzeugen Dinge aus Leder, und doch würde der Reiter einen vom Taschner erzeugten Sattel zurückweisen. Warum? Weil der Reiter etwas vom Reiten versteht.

Wer die Sessel begreifen kann, die aus Zeiten herrühren, in denen man noch verstand beim Speisetisch zu sitzen, wird die Sessel, die Sesselgespenster von heute zurückweisen. Er wird Kopien der alten Sessel wählen, die der Schranktischler nicht einmal erzeugen kann. Da der Sesseltischler ausstirbt, da es an Nachwuchs fehlt, wurde ich häufig gefragt: »Was werden Sie machen, wenn der alte Veillich nicht mehr lebt?«

Gestern wurde er begraben. Veillich hat alle meine Speisezimmersessel gemacht. Durch dreißig Jahre war er mein treuer Mitarbeiter. Bis zum Kriege beschäftigte er einen Gehilfen, dessen Mitarbeit er hoch hielt. Auf die Leute von heute war er nicht gut zu sprechen. Der wurde ihm im Krieg erschossen. Seither arbeitete er allein. Er wollte nicht schlechtere Sessel liefern als bisher, sie wären auch zu teuer gekommen. Und schließlich war selbst für ihn allein nicht genug Arbeit. Meine Schüler im Auslande beschäftigten ihn. In jungen Jahren hatte er in Paris gearbeitet. Er war taub wie ich, daher verstanden wir uns gut. Wie war das Holz für jede Form des Sessels ausgesucht! Die Bretter vom unteren Teil des Stammes bildeten die Rückfüße und die Jahresringe mußten sich genau der geschweiften Form anpassen. Und – nein, warum soll ich die Geheimnisse einer ausgestorbenen Werkstatt preisgeben?

Sechsundsiebzig Jahre ist er alt geworden, sagt die Parte. Bis zum Tage, an dem er sich zu Bett gelegt, hat er allein in der großen Werkstatt gearbeitet, allein den ganzen Tag geschuftet und gedacht, die besten Sessel zu liefern für Leute, die keine Ahnung davon haben konnten, welche Schätze sie für billiges Geld erhielten. Einen besseren Dienst dafür, daß sie mir Arbeit gegeben haben, habe ich meinen wenigen Kunden nicht erweisen können, als sie zu Veillich zu führen. Ihre Enkel werden noch einmal meiner dankbar gedenken.

Aber die Besteller haben einen unvergeßlichen Eindruck. Der taube Meister allein in der großen Werkstatt. Die treue Gattin, die jedes Wort vermittelt. Goldene Hochzeiter. Philemon und Baucis. Und mit nassen Augen betrat man wieder die Straße.

Für mich bleibt nur die bange Kundenfrage: Was werden Sie anfangen, wenn er nicht mehr ist? Da die

Sesseltischler ausstarben, ist der Sessel, der Holzsessel, auch gestorben. So sterben die Dinge. Würden sie gebraucht werden, würde es einen würdigeren Nachwuchs geben. Die Nachfolge des Holzsessels wird der Thonet-Sessel antreten, den ich schon vor 31 Jahren als den einzigen modernen Sessel bezeichnet habe. Jeanneret (le Corbusier) hat das auch eingesehen und propagiert ihn in seinen Bauten. Allerdings leider ein falsches Modell. Und dann die Korbsessel. In Paris, in einem Schneidersalon, habe ich rotlackierte Korbsessel. Im Speisezimmer meines letzten Wohnhauses – jawohl es ist das in der Starkfriedgasse, Pötzleinsdorf, und bildet unterdessen noch den Schrecken harmloser Wintersportler – Thonet-Sessel.

Aber dir, du toter Meister, sage ich meinen Dank. Wir hatten beide Glück, daß sich unsere Lebenswege trafen. Ohne mich wärest du verhungert, ohne dich hätte ich keine Sessel gehabt, oder zu einem Preise, den ich meinen Kunden nicht zumuten konnte. Sie hätten das Dreifache deiner Erzeugnisse gekostet. Deine Bedürfnislosigkeit, du toter Meister, hat diese Sessel ermöglicht.

Der soziale Mensch und der Nationalökonom verstehen, warum der Thonet-Sessel und der Korbsessel die Herrschaft antraten, während wir trauernd dem alten Veillich seinen Hobel mit ins Grab legten.

Fußnoten

*) Über die Ausrede dieser Verfügung waren sich die Veranstalter der Ausstellung nicht einig. In Stuttgart sagten sie, der Bürgermeister wäre gegen meine Person gewesen. Entrüstetes Dementi des Bürgermeisters. Dann sprachen sie von Platzmangel. Aber in letzter Stunde mußte noch Architekt Bourgois einspringen, obwohl der Besitzer gerne ein Haus von mir gehabt hätte. In Frankfurt am Main meinte der dortige Vorstand der Ortsgruppe des Deutschen Werkbundes, ich wäre nicht genügend deutschnational. Auch wahr, in diesem Sinne. In diesen Kreisen wird mein Ausspruch: Warum haben die Papua eine Kultur und die Deutschen keine, als antideutsch oder als böser Witz gewertet werden. Daß dieser Ausspruch der Ausfluß einer blutenden deutschen Seele ist, wird man diesen Deutschen nicht beibringen können.

**) Denn das ist die große Revolution in der Architektur: das Lösen eines Grundrisses im Raum! Vor Immanuel Kant konnte die Menschheit noch nicht im Raum denken, und die Architekten waren gezwungen, die Toilette so hoch zu machen wie den Saal. Nur durch Teilung in die Hälfte konnten sie niedrigere Räume gewinnen. Und wie es einmal der Menschheit gelingen wird, im Kubus Schach zu spielen, werden auch die anderen Architekten den Grundriß im Raum lösen.